RADIUS BÜCHER

# Hans Lenk

# Tagebuch einer Rückreise

*Tagebuch einer Rückreise*
*an einen nie zuvor besuchten Ort:*
*Lambarene*

mit einem Anhang
über Albert Schweitzers
unveröffentlichten Nachlaß
zur Ethik der Ehrfurcht vor dem Leben:
Zwischen Rationalismus und Erleben

Lektorat: Jo Krummacher

CIP-Titelaufnahme der Deutschen Bibliothek
**Lenk, Hans:**
Tagebuch einer Rückreise an einen nie zuvor besuchten Ort: Lambarene: mit einem Anhang über Albert Schweitzers unveröffentlichten Nachlaß zur Ethik der Ehrfurcht vor dem Leben: Zwischen Rationalismus und Erleben/[Hans Lenk]. – Stuttgart: Radius-Verl., 1990
ISBN 3-87173-808-5
NE: HST

ISBN 3-87173-808-5

Umschlag: Dieter Kurzyna
Gesamtherstellung: Clausen & Bosse, Leck
Printed in Germany

*Zum 25. Todestag Albert Schweitzers*
*am 4. September 1990*

*Der Ewigen Eva*

Lambarene, am 7. Oktober 1989

Es gießt tropisch, klattert auf die Blechdächer. Einige Blüten der tiefvioletten Bougainvillea vor dem Haus liegen herabgeschlagen am Boden.

Allein im Studio 4 einer Unterkunft des Albert-Schweitzer-Spitals in Lambarene. Zum Nachsinnen bin ich animiert. Wie lange habe ich kein Tagebuch mehr geführt?... Jahrzehnte. Als ich zu sehr mit Studienleistungen, Qualifikationen, Fachpublikationen und dem Leistungssport befaßt war, versiegten die Adern des Poetischen und des Selbstdenkens, Nachdenkens über mich selbst: Folgen der Leistungshektik – dessen, was die Amerikaner das »rat race« nennen? Vor fünf Jahren begann eine neue Phase der Selbstbearbeitung, der Selbsterforschung, blieb ein kurzes Intermezzo. Seit einem Jahr nun denke ich wieder vertieft, ständig grabend, grübelnd über mich selbst, über Sinn, Aufgabe, Tiefen, Neigungen, Verirrungen und Verzerrungen der Person nach. Kann Afrika, kann die »Wiederbegegnung« mit meinem Jugendvorbild Albert Schweitzer, mit seinem Werk und Geist in Lambarene die Selbstbegegnung mit meinem eigenen Jugendtraum wiederbeleben – nun vertiefend reflektiert?

Michel Leiris schrieb am 16. November 1931 in *Phantom Afrika, Tagebuch einer Expedition von Dakar nach Djibouti (1931–1932)* (Frankfurt 1985, 168): »Endlich ein Herz zu haben: Das hoffte ich, als ich nach Afrika aufbrach! Ich bin jetzt über dreißig, ich werde alt (sic! H. L.), und immer noch diese Intellektualität... Gibt es für mich je einen Weg zurück zur Frische?« Was soll man da als fast 55jähriger sagen/schreiben? Zwischen Phantom Afrika und Mythos Albert Schweitzer?

Schweitzers Wirkstätte ist ein guter Ort für den Wiederanfang, die Wiederaufnahme. Wie lange Nächte, Regen-, Tropen-, Hitzenächte muß der Urwalddoktor hier brütend, denkend, schreibend (mit seiner Schreibkrampfhand!) sich seine Briefe und Tausende von Seiten zum Ethikthema, das sein Lebensthema war und sein Nachlaßthema wurde, abgerungen haben!

Ein guter Ort für die Rückkehr zur geistigen Jugend, zu den Ausgangspunkten. War nicht der Darstellung und Kurzdiskussion von Schweitzers *Kultur und Ethik* und seines Buches *Verfall und Wiederaufbau der Kultur* meine erste oder zweite »philosophische« Veröffentlichung im *Insulaner*, der Schülerzeitschrift der Lauenburgischen Gelehrtenschule, gewidmet? Laotse war das andere Thema (»Der alte Meister« – der Titel paßt zu beiden). Auch der chinesischen Philosophie habe ich mich nach langer Zeit wieder zugewandt... Man kehrt zu seinen Jugendthemen immer wieder denkend, andenkend, nachdenklicher zurück. Das ist nicht nur Nostalgie.

## Die kulturphilosophischen Schriften Albert Schweitzers

»Weil ich auf die Kraft der Wahrheit und des Geistes vertraue, glaube ich an die Zukunft der Menschheit.«

Im ersten Band der kulturphilosophischen Schriften, »Vom Verfall und Wiederaufbau der Kultur«, erklärt Schweitzer unsere heutige Kulturkrise als Folge des Verfalls der philosophischen optimistisch-ethischen Weltanschauung seit dem 19. Jahrhundert. Daraus ergibt sich als Aufgabe für uns der Wiederaufbau einer optimistisch-ethischen Welt- und Lebensanschauung, die die Voraussetzung einer jeden Kultur ist. Denn das Wesen der Kultur ist innerer und äußerer Fortschritt, der sich ja auf einen lebensbejahenden Optimismus gründen muß.

»In tausend Arten hat sich Bestimmung des Menschen zu erfüllen, damit sich das Gute verwirkliche. Was er als Opfer zu bringen hat, ist das Geheimnis jedes einzelnen. Miteinander aber müssen wir alle wissen, daß unser Dasein seinen wahren Wert erst bekommt, wenn wir etwas von der Wahrheit des Wortes ›Wer sein Leben verliert, der wird es finden‹ in uns erleben.«

Im zweiten Bande, »Kultur und Ethik«, macht Schweitzer fast allen bisherigen philosophischen Systemen den Vorwurf, aus einer unwahrhaften optimistischen Deutung der Welt versucht zu haben, eine optimistisch-ethische Lebensanschauung abzuleiten. Das Erkennen der Welt ist aber allemal pessimistisch (Daseinskampf in der Natur usw.). Wir können daher eine optimistisch-ethische Lebensanschauung, die für die Kultur unerläßlich ist, nur aus uns selbst, aus der inneren Erkenntnis unseres »Willens zum Leben« heraus (welchen wir auch bei allen anderen Lebewesen anerkennen) gewinnen. Das »Grundprinzip des Sittlichen«, nach dem wir unsere ethischen Entscheidungen zu treffen haben, ist dabei »die Ehrfurcht vor dem Leben jeglicher Art«, die die Hingebung gegenüber dem Willen zum Leben, die Unabhängigkeit von der Welt und ein vertrauensvolles Vorwärtsschreiten auf unserem Weg mit dem unbekannten Ziel aus innerer Notwendigkeit der Lebensanschauung in sich begreift. Es gibt keinen schuldlosen Weg aus den Konflikten dieser Lebensanschauung mit der Gedankenlosigkeit, der Selbstbehauptung und der Gesellschaftsethik des Überpersönlichen und der Zwecke (»Humanität besteht darin, daß nie ein Mensch einem Zweck geopfert wird«); doch: »In der Wahrheit sind wir, wenn wir die Konflikte immer tiefer in uns erleben.«

Wenn auch dieses Prinzip der »Ehrfurcht vor dem Leben« aus pragmatischen Erwägungen heraus gefaßt ist und bei weitem nicht alle praktisch auftauchenden ethischen Probleme zu lösen vermag, so beeindruckt uns bei der Lektüre von Schweitzers Werk doch die Größe der menschlichen Gesinnung und die lebensbejahende Tatkraft, die hinter diesem Werke stehen. Und wir können aus diesem Werk herauslesen, daß im Sinne Schweitzers ein Hin- und Hertheoretisieren über ethische Probleme *letzten Endes* unwichtig ist, sondern daß es auf die Gesinnung und die ethische Tat des einzelnen ankommt.

Hans Lenk

(Aus: »Der Insulaner / Lauenburgische Gelehrtenschule zu Ratzeburg«, Nr. 11, 30.10.1954, S. 7)

Der Tag begann um fünf Uhr im Hotel Okoume / Libreville. Gymnastik. Ohne Frühstück zum Flughafen. Die Fokker Fk 28 von Air Gabon schwingt sich übers Meer zur Zwischenlandung in Port Gentil. Sie wird in Regenwolken durchgeschüttelt über dem vieldiskutierten, hier sehr dichten Regenwald. Nach Lambarene, aufwärts am Ogowe: wir müssen Igendja (80 Kilometer unterhalb von Lambarene) passiert haben, wo Schweitzer im September 1915 seine Vision und das Schlagwort »Ehrfurcht vor dem Leben« als Leitthema seiner Ethik »überkamen«. Über dem Fluß reißt der Nebel öfters auf: lehmige Fluten, zwischen dichten grünen Bäumen, Sandflekken als Inseln darin. Gelegentlich taucht eine Urwaldsiedlung schemenhaft aus dem Nebel. Plötzlich ein größeres Loch mit Siedlung am Hang. Das muß Lambarene und am Hang die erste Schweitzerstation, die Missionsstation von 1913, Andende, sein. Und irgendwo, oberhalb der Brücke das »neue« Dorf, um

1925 begonnen – beim dritten Beginn. (Leider war mein Film gerade zuende, der Nachschubfilm im Koffer ...) Abholung durch die Spital-Mannschaft, der neue Verwaltungsdirektor Senn mit Gattin, Pfarrer Albert Frey, der uns nachmittags führen sollte und ein deutscher Doktorand der Zahnmedizin. Die französische Directrice Adjointe, Jeannine Portier, steuert den Landrover geschickt um und durch die Schlaglöcher der roten, schmierigen Lehmpiste. Über die Insel Lambarene und die Ogowe-Brücke zum Spital. Was würde uns erwarten? Würden alle Jugendvorstellungen, alle Bilder, alle langgehegten Träumereien vom Helferparadies zerstäuben, zerschellen an der Realität? In der Tat: Das hatte ich erwartet. Doch überraschenderweise geschah dies nicht. Man kannte Filmbilder, Beschreibungen, Fotos. Es ist so, wie ich es mir ausgemalt, gedacht hatte. Der erste Eindruck war zwar wohl nostalgisch gefärbt, aber stimmte mit dem Vor-Bild überein. Das Studio, die Unterkunft mit Blick auf das Dorf und den Ogowe, macht einen anheimelnden Eindruck: Hier ein Forschungs- und Denkhalbjahr verbringen! Einfacher, geräumiger, praktischer Mehrzweckraum, unterteilt in Wohn-, Arbeits-, Schlaf- und Waschstation. Ein frischer Luftzug geht ständig durch die vergitterten Kippscheibenfenster.

Essen im Refektorium unter dem Bild des Doktors. Ihm, also seinem Grab und dem Ogowe wenige Schritte unterhalb, habe ich zuvor einen Besuch abgestattet: »Cigît le Dr. Albert SCHWEITZER, né le 14.1.1875, decédé le 4.9.1965«. Hier ruht er neben seiner Frau und seinen treuesten, längstgedienten

Lambarene-Helfer(inne)n. Blick in sein Wohn- und Arbeitszimmer, heute »Musée«.

Nachmittags Wanderung mit Pfarrer Frey und unserer Zehnergruppe auf einem Pfad am Ogowe nach Andende, dem ersten Platz des Hospitals bei der ehemaligen Missionsstation sowie bei dem einstigen Knaben- und dem Mädchenpensionat. Die Schule ist noch aktiv. Die alte Missionskirche – vor ein paar Jahren noch als Schulraum verwendet – zerfällt: der »schiefe Turm« von Lambarene unter einer durch Webervogelnesterbau und Wedelfraß sterbenden Palme. Oberhalb das alte Missionshaus – nur noch ein Grundgerüst, das Haus fiel kürzlich einem Sturm zum Opfer. Schweitzers erster Operationssaal, der berühmte »Hühnerstall«, ist durch einen ähnlichen Verschlag an gleicher Stelle ersetzt. – Doch kein Wort vom Weltdoktor. Der Platz heißt nach dem Schulinternatsleiter... Sic transit gloria mundi?

Ein Ibis stolziert auf flacher Sandbank, weiß, hochgereckt gegen die braun-grünlichen Fluten. Die Brücke stört den schönen Landschaftsblick den Ogowe aufwärts.

Rückwanderung auf demselben Weg durch das Eingeborenendorf Adouma. Freundliche Grüße »M'bolo«, »M'bolani!« (letzteres für mehrere Passanten oder Adressaten) klingen hin und her. Die Freundlichkeit unseres Führers ist betont, geradezu demonstrativ – die Antwort oder der Vorgruß der Hüttenbewohner fröhlich: »Bon jour«, »Bonne journée«, »bon soir« (vor drei Uhr nachmittags schon!). Vorbei an mächtigen Mangrovewurzelbäumen oder besser: Brettwurzelriesen, wie ich sie vor Jahren am Amazonas sah, und einem Papyrusstrauch. Oben liegt das Lepradorf, das noch 200 Bewohner, aber nur noch zwölf akut Kranke und ca. 40 »Stabilisierte« beherbergt.

Nach der Rückkehr gehe ich flußoberhalb des Kernspitals an den Ogowe hinab zur Pädiatriestation. Ein Blick wie auf den brasilianisch-argentinischen Iguaçu-Fluß oberhalb der berühmten Wasserfälle. Dunkle Wolken säumen den Hintergrund – bläulich, grünlich, gräulich gegen die grüne Insel, die »Flußpferdinsel«.

Beim Rückweg stoße ich auf das Studio des Zahnmedizin-Doktoranden. Er lädt mich zum Bier auf seiner Terrasse. Wir plaudern über Probleme des Spitals, der Autos hier und ihrer Achsenbrüche, der Durchhalteschwierigkeiten für europäische Mediziner, über seine dentistische Untersuchung, die er auf eine Auswahl der *Schul*kinder einschränken muß: Nur so ist eine einigermaßen repräsentative Erhebung möglich. Ich erfahre, daß auch im Spital gelegentlich menschliche, allzumenschliche Rivalitäten entstehen – etwa um das Recht zur Verfügung über den Jeep. Der Doktorand wollte nicht länger als etwa die angezielten drei bis vier Monate hier bleiben. Einen Monat brauche man zum Kennenlernen und Eingewöhnen, einen für den spannenden und interessanten Teil der Arbeit; danach heißt es nur noch durchzuhalten...

Beim Abendessen erzählt er, daß gelegentlich noch ritueller Kannibalismus in der Gegend vorkommt, regelmäßig aber Katzen geopfert, getötet und gegessen werden.
Nach dem Essen hört der Regen auf.

Am ersten Tag der Reise, dem 5. Oktober, entstand die erste Aufregung. Ich hatte den Impfpaß vergessen (Gelbfieberimpfung ist nicht mehr zwingend vorgeschrieben, sondern nur »noch empfohlen«, so ermittelte telefonisch Ulrike, meine Frau, während unserer Zugfahrt nach Frankfurt, doch anscheinend wußte der Zollbeamte in Libreville noch nichts von der Änderung. Die Impfung hatte ich zwar, aber nicht den papiernen Nachweis. Ich mogelte mich am Flughafen ohne Probleme in der Masse vorbei …)

Zuvor waren wir Stunden um Stunden über gelbliche Flächen, Hügel, Sternstrukturen geschwebt, die, durchwirkt von schwarzen, schroffen Felszügen, tiefrandigen Wadis, die Saharavarianten vorführten. Die Trockenheit starrte nach oben. Gelegentlich im Norden führten noch Karawanenspuren durch den Sand, doch diese endeten im Mittelteil. Sand, Sand, Sand, Sand, Windstrukturen und erbarmungslos brennende Sonne: Doch die Projektion der Fahrtdaten und Fahrtkarte auf der Filmleinwand kündete fortlaufend an: 10060 m, ca. 950 km/h, −45 bis −48° C Außentemperatur – und das über der offensichtlich brütenden Sahara! Dieser Name selbst ist vieldeutig. Er läßt sich übersetzen mit »gelblich-rot«, aber auch mit »unfruchtbar« oder einfach mit »das Nichts«.

Um die Dämmerungszeit nahm bräunlicher Bewuchs zu – plötzlich, bei hereinbrechender Dunkelheit, tauchten lehmige Seen und Ströme auf. Die Regenzeitgegend dehnte sich grünlich dunkelnd... Wir landeten im Regen. Transfer zum Okoume Hotel Intercontinental mit den angeblich unglaublichen Übernachtungspreisen (doch als offizielle Gäste des Hôpital Albert Schweitzer erhalten wir einen Nachlaß ...)

Morgens (am 6. Oktober) lief ich am Meer – neben der Straße, meist am Strand, den die Flut fast verdeckte – bis zum Flughafen zurück – und auf der anderen Seite in die Nähe der Stadt. Ein Bad in afrikanischer Atlantikbrühe. Besuch beim neuen deutschen Botschafter, der uns Balzac zitierte und sein jüngst angelesenes Wissen über Gabun weitergab – und über einen kaum zwei Tage alten Putschversuch berichtete. Mittagessen mit Dr. Wolf, dem Beauftragten der Bundesrepublik für Sekundarschullehrer. Leckere Seezunge knusprig und Crab farci... Cola zur Revitalisierung. Nachmittags, nach Erschöpfungsruhe, Museumsbesuch. Tempel von Misogho mit südseeartigem Totempfeiler. Tanzfiguren für Ahnenkulte aus Kata-Ovambo und Teke. Viele Masken. Kanufigur. (Kein öffentliches Gebäude – auch kein Museum – darf fotografiert werden. Einer Mitreisenden wurde am nächsten Morgen der Film aus der Kamera gerissen, nachdem sie die Gruppe in der Flughafenhalle geknipst hatte.)

Vor dem Abendessen im Restaurant Tropicana am Meer hatte uns Herr Wolf noch durch vornehme Teile von Libreville gefahren. Luxusvillen, für Präsidenten der Organisation Afrikanischer Einheit anläßlich eines Gipfeltreffens erbaut, sind heute Ministerbehausungen. Bombastische Bongopaläste überall. Bongo heißt der Staatspräsident; Bongismus herrscht hier überall. Protziges OPEC-Land. »Wird nicht mehr mit Entwicklungshilfe unterstützt – etwa von uns«, so hatte der Botschafter mitgeteilt.

Doch gibt es noch viel Elend, Medikamenten-, Ärztemangel und fehlende Gerätewartung in Lambarene. Man denkt, die Stiftungen sollten der Bedürfnis- und Bedarfslage angepaßt sein. Allerdings stiftete jemand einen Luftbefeuchter – in eine Gegend, die fast immer unter nahezu hundertprozentiger Feuchtigkeit stöhnt! Ein gestifteter Mercedes stand lange Zeit im Busch, weil für Reparaturen keine Infrastruktur vorhanden ist. (Jetzt läuft er verläßlich.) Hochwertige Forschungsgeräte im Labor verrotten, da die Klimaanlagen, bis auf eine unzureichende, ausgebaut werden mußten und niemand die Geräte warten oder voll zweckentsprechend bedienen kann. Geräte zu stiften ohne Wartung – das ist eben nicht genug. Ebenso sind gelegentliche Forschungsaufenthalte von Gästen nicht hinreichend. Die Vorstandsmitglieder des Deutschen Hilfsvereins Lambarene diskutieren. Claus Günzlers, des Vorsitzenden, sarkastischer, trockener rheinischer Humor rettet durch Kurzkommentar manche Diskussion und Situation – und davon gibt es knifflige genug: Mediziner eines Universitätsinstituts bieten sich zum Forschen an: Forsch lehnen die Forscher es aber ab, den Kranken in der Klinik Dienstleistungen zu erbringen – etwa durch Diagnosen. Andere wollten Forschungsreihen von Tierversuchen ausgerechnet im Lambarene-Labor starten. Beides widerstritte Schweitzers Geist. Es bedarf des Taktes, um solchen Gegensätzlichkeiten noch etwas Befreiend-Komisches abzugewinnen. Günzler kann's. Die Kleintierwelt Lambarenes aber dreht wenig taktvoll den Spieß einfach um und behandelt uns Menschen als *ihre* Versuchstiere, als willkommene Freßweiden – auch mich im Studio 4. Kleinste Mücken und Fliegen beißen, sind immerhin keine Moskitomücken, die hoffentlich das Fenstergitter nicht durchdringen können ...

Das Schweitzer-Spital ist medizinisch auch heute noch keineswegs überflüssig: Mediziner des staatlichen Krankenhauses aus Lambarene, auf der anderen Seite des Flusses, lassen sich selbst nur in Schweitzers Krankensiedlung stationär behandeln – und sie senden die meisten schwierigen Fälle und Patienten, zumal alle Kandidaten für schwere Operationen, dorthin...
Nostalgie herrscht hier also nicht gänzlich vor.

Das Tischgebet im Refektorium entfiel. Mir fällt auf, daß die Weißen hier – auch hier – unter sich speisen. Es gibt *einen* schwarzen Arzt, der vom Chefarztposten der staatlichen zur Schweitzer-Klinik wechselte. Ist er der Paradegabuner des Spitals? Er will das Spital schon bald wieder verlassen. Anderswo verdient man ein besseres Gehalt...

Schwarze Kinder und Jugendliche baden spielend, fröhlich rufend im Ogowe. Daneben wäscht eine

Frau ihre auf Steinen eingeseifte Wäsche aus. Gleich unterhalb putzt ein hochgewachsenes Ebenholzmädchen mit vorspringenden festen Brüsten ihre Zähne, spült den Mund in der Ogowe-Brühe, die ihr die Bilharziose, die früher so genannte ägyptische Wurmkrankheit, die aber heute überall im Schwarzen Kontinent zu finden ist, und die bösartige Flußblindheit bisher vorenthielt... Der Doktor müßte sich, nur dreißig Schritte entfernt, im Grabe drehen... Sauberkeit als Schildbürger-Ritual?

Ist Selbstbesinnung, Rückbesinnung auf eigene Anfänge, Motive, Studienwünsche und alte Schülerbegeisterung über Schweitzers praktisches Werk und geistige Ansätze in der Ethik auch ein Eigenritual?

Eigenwillig, konsequent, starrköpfig war er ja wohl, der Ethikheilige mit dem martialischen Schnauzbart... Der »gute Mensch« des zwanzigsten Jahrhunderts. Der gute Mensch von Lambarene – seine bewundernswerte Durchstehkraft! Fünfzig Jahre im Urwald, in mörderischem Klima, im Ungezieferparadies seinen Dienst an den Ärmsten zu versehen – und dennoch viele nächtliche »Feierabend«-Werke der Müdigkeit abzuringen! Wie bedauerlich, daß er trotz unendlich vieler, in immer neuen Ansätzen wiederholter Entwürfe den ethischen Durchbruch, die ihn und generell gänzlich überzeugende Endfassung seiner Ethikgesamtdarstellung nicht zu erreichen, nicht zu erzwingen vermochte! Praktischer Dienst, Baumeister-, Planungs-, Organisationstätigkeiten und die weltpolitische Debatte um und gegen atomare Aufrüstung und atmosphärische Kernexplosionstests hinderten Schweitzer in den fünfziger Jahren daran. Angeblich waren dies allein die Gründe für sein Scheitern beim Schreiben seines ethischen Vermächtnisses. Dieses Vermächtnis wurde ein torsohafter Nachlaß, dreizehn »Dossiers« und vier »Sacs«, verstreut im Günsbacher Archiv, über zweitausend Seiten philosophisch-ethischer Vor- und Neuentwürfe, etwa tausend Seiten theologisch-ethischer Diskussionen und Bewertungen. Doch es sind wohl auch strukturelle, innere, theoretische und methodologische Gründe, die zum Scheitern entscheidend beitrugen. Widersprüche finden sich, utopische Erwartungen und Überforderungen an den Deduktionsrationalismus wie an die Praktizierbarkeit seiner Prinzipienethik der »Ehrfurcht vor dem (Willen zum) Leben«. Schweitzer blieb unnötigerweise ein axiomatisch orientierter Prinzipienrationalist, der seine Ethik aus einem einzigen obersten Prinzip herleiten wollte. Er ignorierte den Unterschied zwischen normativen (also wertenden oder vorschreibenden) und deskriptiven (rein beschreibenden) Sätzen – wie in einem unbemerkten ›naturalistischen Fehlschluß‹. Er sah zwar, daß man Lebenssinn und normative ethische Prinzipien nicht aus deskriptiven Theorien und aus beschriebenen Erfahrungen allein begründen kann, vermochte diese Unmöglichkeit aber nicht methodologisch zu begründen. Und er mogelte sich über die Kluft zwischen beiden Bereichen durch die beschwörende Invokation einer Mystik hinweg, einer ungewöhnlichen, nicht in erster Linie kontemplativen, sondern einer tätigen, hingebungsaktiven Mystik der intuitiven Erkenntnis oder Erlebnisüberzeugung von der Grundeinheit und Grundidentität allen Lebens. – Neuere genbiologische und evolutionstheoretische Hypothesen schienen ihm ebenso recht zu geben wie die neueste ethische Diskussion seiner Umwelt- und Bioethik.

Seine Ethik unter der Rahmenrichtlinie der »Ehrfurcht vor dem bestehenden Leben«, die wie ein Kompaß die Richtung weist, ohne Einzelwegentscheidungen, Fehlwege und Widersprüche gänzlich vermeiden zu können, soll Bewußtheit, schlechtes Gewissen und ein nahezu grenzenloses Verantwortungs- und Pflichtgefühl wecken, reaktivieren ... Regenzeitreflexionen im Studio 4 ...
Der Tropenregen rauscht eintönig, eindringlich. Das Rauschen verstärkt sich zum Wolkenwasserfall.

Kleinstmücken umfliegen die helle Birne, stürzen sich auf das gleißende Licht, werden vom Glas zurückgestoßen. Der böse Mensch versucht die beißenden Kleinstwesen mit Autan-Spray zu vertreiben – gänzlich (oder nur halb?) unschweitzerisch?

»Es ist noch nicht Mitternacht, Doktor Faust ...«
Wenn doch nicht alles, was ich schreibe, so abgegriffen, unoriginell klänge! M.E. muß ich erst ernsthaft ich selbst, eigendenkend werden, um innere Originalität, echte Eigenständigkeit zu entwickeln oder in mir wiederzufinden...

9. Oktober

Sonntagmorgen in Lambarene nach gutem Schlaf unter Urwaldgeräuschen und Hähnekrähen.
»Huuhub, bub bub bub bub bub« – eine Taubenart?
Bedeckter Himmel und angenehme Temperatur. Ich habe Glück im Studio 4 – stieß auf kein nennenswertes Ungeziefer bisher. Günzlers erzählen von Riesenspinnen- und Kakerlakenbekämpfungen. Die Superspinnen hätten gegen das Paralgestäube nur höhnisch gelächelt ...

Ab halb sieben laufe ich zum Ogowe. Helle Wolken und dunkel- bis hellblau abgeschichtete Waldhöhen dahinter, wie sich die Vorstellung den Fluß und seine Landschaft erträumte. Schwarze waschen sich am Fluß an der Pädiatrie-Station. Die Steilbrüstige von gestern ist dabei – eine stolze Antilope. Ich »jogge« unterhalb des Lepradorfes am Ogowe. Ein Eingeborener mit schußbereiter Flinte kommt mir entgegen – ein Vogel- oder Affenjäger, der nach seinem Sonntagsbraten späht? »M'bolo« (»Ich wünsche dir ein schönes Alter!«) »M'bolo!« Schöner Gruß – sozusagen ein philosophischer Wunsch – trotz Flintenbewaffnung ...

Zurück laufe ich den Berg hinauf auf die leicht durchweichte, mit Pfützen gesäumte oder übersäte Fahrpiste, das rostrote Band durch den Dschungel. An der Kreuzung beim Schild »H A Schweitzer« wende ich mich nach rechts, folge der endlosen Piste (dem Weg in Richtung Libreville). Das breite Band führt an einigen Palmpflanzungen und einzelnen Gehöften, palmblattbedeckten Hütten und Wellblechdächern vorbei über Höhen und Senken. Einige Lastwagen mit verwunderten Fahrern überholen mich. Entgegenkommende Fußgänger antworten auf mein »M'bolani« (»Habt ein schönes Alter!«) oder »M'bolo!«. In Dörfern grüßt man mich laut und bricht sogleich in unbändiges Gelächter aus. Ich schmunzle mit. Einen rennenden Europäer hat man hier wohl noch nicht gesehen ...

Nganga, den Zaubermann »die weiße Antilope«, benannte man mich in der Reisegruppe, als Gerüchte über meine morgendlichen Urwaldläufe kursierten. So habe ich es doch noch zu einem Spitznamen gebracht – zu einem viel zu schönen, euphemistisch übertriebenen; ein eher leicht humpelnder Bärentrott wäre ein treffenderer Vergleich. Doch weiße Bären finden sich nicht in der grünen Hölle. »Nganga« – nicht schlecht. »Oganga« wäre mir lieber. »Oganga« – »der große Doktor« war der Ehrenname Albert Schweitzers. Oder sollten beide so ähnlichen Titel dasselbe bedeuten – nämlich »Fetischmann«: »Nganga« in der Sprache der Fang, »Oganga« in jener der Galoa?

Der Wald wird dschungelhafter, wird wucherndgrüne Wand. Nur Lianenstricke heben hell sich ab. Ich will schon umkehren: Könnte nicht aus dem dichten Busch rechts oder links ein Wildtier brechen? Doch die Pflanzen lichten sich wieder im Tal: ein Dorf. Leute begegnen mir. »Quel est le nom de ce village-ci?« »Sakamouna« (oder etwas Ähnliches), sagte der verwunderte Mohrenkopfjunge. Aber er hatte mich wohl gar nicht verstanden. Ebensowenig ich ihn. Ich kehre um und trabe zurück, um rechtzeitig zum Frühstück anzukommen. Schweißtriefend im wahrsten Sinne des Wortes... Man darf nicht stehenbleiben, sondern muß einen guten Schritt beibehalten, um nicht zum Ziel von anfliegenden, immer interessierten Insekten zu werden. Streichen, Klatschen, Kontrollieren der exponierten Knie, Beine, Nackenpartien. Ohren und Hals sind auch zu offen ausgesetzt. Laufen, schwitzen, klatschen. Die Luft tut gut. Die Dusche lockt, die strömende, die kühlende Erlösung.

Nach dem Frühstück wieder einmal Resochin, das notorische Malaria-Vorbeugungsmedikament, das wir noch weitere sechs Wochen jeden Sonntag und Mittwoch einzunehmen haben. Leider läßt zunehmend – von Osten her – die Wirksamkeit nach, da die Erregerstämme resistent werden ...

Ein Gottesdienst in Lambarene. Pfarrer Albert Frey, pensionierter Pastor aus dem Elsaß, Patensohn Schweitzers und einst Missionar in Neukaledonien, strahlt Begeisterung in die schwarze Zuhörerschaft und läßt sich von der Antwort tragen. Händeklatschend, singend, rhythmisch – aber nicht so intensiv wie bei Spirituals mancher schwarzen Gemeinden in Amerikas Gottesdiensten, die oft bis zum Trancezustand führen.

Schweitzers gesenkter Blick auf dem Bild an der Altarwand. Der Ortsheilige schwebt, webt überall noch. »Ich habe den Doktor noch gekannt«, sagen mir manche, die nach der Feier meine Hand ergreifen. Suzanne, eine altgediente Sekretärin, Helferin, jetzt für das Museum verantwortlich, übersetzt die Predigt und die Ansprache in die Fangsprache, die hier dominierende Stammessprache.

Ein Junge, Sete, sitzt neben mir, schmiegt sich an mich an. Als ich ihm einen Kugelschreiber schenke, holt er seinen Freund Patrique. Glücklicherweise habe ich noch einen Stift dabei ...

»Notre Père« en français. Dazwischen murmeln wir den getragenen Fang-Gesang des *Gloria in excelsis Deo* mit:

»Nwumga Nzam'ény'a ñga kôm bôr,« (Ruhm für Gott, unseren Schöpfer) »Jésus-Christ ény'a ne Nyie wa ye Nsisim ô wu vole bîe, ésa, Mon ye Nsisim Ékî.«

Die Predigt über die Pharisäer und deren Feiertagsheiligung, die durch Christus und Albert Schweitzer widerlegt wurde, mit einfachen Beispielen: Arbeiten am Sonntag, Laufen am Feiertag, Tanzen, Wein und Régab (=Bier)-Trinken am Feiertag. Leben und Lebenlassen – neben dem Helfen und Dienen. Pfarrer Frey, der bärtige Gnom, ein geistlicher Fetischmann, der Liebe, Begeisterung, ausstrahlt, mit hochgehobenen Händen, Augustinus beschwörend: »Ama et fac quod vis« auf Latein, Französisch und Fang!

Deutsche Damen wiegen schwarze Babies im Arm, die mütterlichen Instinkte verbrüdern sich mit Wohltätigkeits- und Fremdenliebe-Emotionen. Diese Kombination scheint nicht zu bändigen. Aber das Baby will Muttermilch, die ihm die gerührte Möchtegern-Mutti nicht liefern kann. Man knipst und wiegt sich in Brüderlichkeit – während des Gottesdienstes! Wirkt es auch etwas gezwungen, konstruiert – allzu sentimental, so ist es doch gutgemeint. Nach dem Gottesdienst drücken viele Schwarze unsere Hände. Schweitzer cum nobis ...

Gutwillige Leute und interessierte Firmen stiften für das Schweitzer-Spital in Lambarene – doch oft, ohne tiefer nachzudenken oder sich zu erkundigen, ohne zu recherchieren. Öfters reagieren sie pikiert, wenn die gutgemeinten Geschenke nicht passen. So eine französische Firma, die ein auslaufendes Modell der kompletten Einrichtung eines Operationssaales stiften wollte, aber nichts mehr von sich hören ließ, als man bedeutete, man habe eine Ausstattung, brauche also keinen neuen »Operationsblock«, doch könne man dies oder das sehr dringlich verwenden. Häufig gibt es geradezu paradoxe Geschenke. Die deutschen Hausfrauen eines Schweitzer-Freundesvereins in Hamburg dürfen nicht enttäuscht werden, wenn sie warme kleine Wolldeckchen weben, damit die armen Kinderchen in Lambarene es auch warm haben! Große Decken freilich werden in der Regenzeit des nachts gebraucht. So näht die Gattin des Direktors, Frau Senn, mit freiwilligen Helferinnen die kleinen Deckchen zu großen aneinander. – Darüber hinaus werden wichtigste Kulturgüter geliefert: Vom Luftbefeuchter wurde bereits geschrieben! Moonboots für nackte Negerfüße, Bikinis für die Damen, warme Pullover und ein Solarherd, der nur bis auf 60–80° erhitzt – in einem Land, wo man alles Wasser abkochen muß und wo Holz im Überfluß vorhanden ist! In der Sahelzone, in der Wüste wäre er nützlich. In Lambarene steht er unbenutzt herum – und kostete das Spital noch eine Million Zentralafrikanische Francs (etwa 6700 DM) an Zolleinfuhrgebühren! »Albert Schweitzer hat den Gabunern das Spital gebracht, wir bringen die Sonnenenergie« – ergänzte ein deutsches Hilfsvereinsmitglied, auf einen unermüdlich tätigen Idealisten anspielend, der das Sonnenenergieprojekt forciert – an sich eine sinnvolle Beleuchtungsplanung, doch mit dem Risiko behaftet, nicht ohne kommerzielle Interessengruppen realisiert werden zu können. Generell gilt: Selbsternannte Pioniere, die sich an Schweitzers Projekt anhängen, ihr eigenes Süppchen zu kochen versuchen, sind einerseits gefährlich für Image und Weiterexistenz des Spitals im Geiste des Urwalddoktors, andererseits bringen sie auch nötige materielle Verbesserungen, wenn diese nicht ungeplant, unabgestimmt mit dem Hospital und den ortserfahrenen Hilfsvereinsmitgliedern erfolgen. Ganz auszuschließen ist es wohl generell nicht, daß bisweilen »interessierte« Idealisten mitmischen – zum eigenen, aber oft durchaus auch zum sachlichen Vorteil. Es gab auch Vorstöße für die Anschaffung bestimmter medizinischer Geräte, die ein interessierter Vertreter unbedingt liefern will, der eine solche Firma besitzt und stets zu entsprechenden Sitzungen des Vorstandes des Schweitzer-Hilfsvereins seines Landes erscheint. Es ist schwer, hier abzuwägen und das Nützliche mit dem Unvermeidlichen sinnvoll zu kombinieren und vom Überflüssigen oder Unnötigen, von zwar gutgemeinten, aber unsinnigen Prestigestiftungen abzutrennen. Befragung, Abstimmung und Koordination mit den Aktiven vor Ort sind unerläßlich, soll auch edler Idealismus nicht zu fehlgeleiteten Aktionen führen. Blinder idealistischer Aktionismus würde hier nur schaden. Dennoch können Stiftung und Spital es sich nicht leisten, die echten Idealisten zu verprellen. Außer bei den wenigen erwähnten profitinteressierten »Idealisten« wäre das auch ungerecht. Die angemessene Abwägung erfordert Feinfühligkeit.

Das Arbeitszimmer des Grand docteur, in dem er schlief, Briefe, Rechnungen, Bücher schrieb, den Ethiknachlaß großenteils verfaßte. Hier verspeiste Schweitzers Lieblingsantilope Teile seines Manuskripts der *Kulturphilosophie III* – wahrscheinlich den Teil über Tierethik!
Persönliche Gegenstände des Alltagsgebrauchs, hier belassen und wie Reliquien verwahrt. Lupe, Schreibfeder – wegen seines Schreibkrampfs mit Gummi verdickt.
Eigenartig, daß sich dieser versierte Formulierer, der sich seiner Feder voll und elegant, teils witzig, teils bissig zu bedienen wußte, alles einem seit seiner Kindheit quälenden Krampf oder einer Neigung dazu abringen mußte. Dabei konnte er doch Orgel und Klavier ohne solche Behinderung spielen. Litt er an neurotischer Schreibhemmung? Offenbar doch nicht, denkt man an die Abertausend an Nachlaßseiten und die vielen schon veröffentlichten Bände.

Vom Arbeitstisch schweift der Blick auf sein Grab und die Gräber seiner Frau, seiner ältesten Elsässer Krankenschwestern Mathilde Kottmann und Emma Haußknecht. Alida Silver, die fast zwei Jahrzehnte hier wirkte und später hingebungsvoll das Schweitzer-Haus in Günsbach betreute, hat einen Ehrenstein hier. (Ich erinnere mich noch deutlich an die Begegnung mit der lebendigen kleinen Hauschefin bei einem Johannistreffen in Günsbach vor etwa fünf Jahren.) Für Schweitzers Tochter Rhena sowie für die fast neunzigjährige Maria Lagendijk, die lange mit Schweitzer zusammenarbeitete, sind die letzten Ehrengräber vorgesehen. Wir treffen die rüstige Greisin hier in Lambarene. Sie betreut heute das Archiv und kümmert sich um die Grundstückskonzessionen.*

Das Klavier, auf dem Schweitzer während der Überfahrten von und nach Europa geübt hatte, wurde vom Kapitän oder Eigner später gestiftet. Schweitzers Tropenklavier war längst – noch von ihm selbst – nach Günsbach überführt worden. Einige der bis zu 400 Transportkisten, in denen Schweitzer bei seinen Reisen die Geräte, Medikamente und Bücher mitbrachte, stehen am Fenster; auch das Bett, in dem er schlief und, neunzigjährig, am 4. September 1965 starb.
»Schauen Sie mit den Augen alles an«, sagte Pfarrer Frey. Ich dachte an Antoine de Saint-Exuperys Satz: »Man sieht nur mit dem Herzen gut. Das Wesentliche ist für die Augen unsichtbar!« Der Pfarrer bekräftigte, ihm sei das Wort bekannt und lieb, ja, wichtig. Auch er habe oft an diesen Leitspruch gedacht. Bilder

* Inzwischen ist sie leider verstorben.

vom Doktor, vom Baumeister, vom Schriftsteller, von seiner Frau Helene, von der Familie, seiner Tochter, mit Pablo Casals, mit Eingeborenen und Kranken und Kindern, predigend im Freien, sowie mit der Katze, die er streichelte (Fotos von Erica Anderson, der Verfilmerin von Schweitzers Lambarene; im Wohnraum und in der »Grande Pharmacie«, dem ehemaligen Konsultations- und Behandlungsraum, zu dem wir später kommen). »Microscope démodé« steht hier geschrieben. Gaben dankbarer Geheilter wirken wie rituelle Devotionalien, Masken, Tierfiguren, Schweitzer-Bilder, naiv zum Teil und grobschlächtig gemalt: der Doktor vor den Hütten; auf Krücken humpelt rechts ein Einbeiniger.

Verstummt stehen wir im winzigen Lebensraum dieses Großen, eines Genies der Humanität, eines der wenigen wirklich durch Menschlichkeit und Vielseitigkeit überragenden Menschen in unserem Jahrhundert, der eine Imitatio Christi anstrebte, geradezu bewußt veranstaltete, vielleicht sogar sich etwas dazu stilisierte in seiner asketisch-ruppigen Art mit den buschigen Brauen und dem eigenbrötlerischen Nietzsche-Bart. Doch er war ein großer Eigenwilliger, Eigenständiger. Daher verbietet sich jede kleinliche Stilisierverdächtigung.

Wir gehen weiter – am Antilopengatter vorbei zur ehemaligen Empfangs- und Anlegestelle für die Piroguen. Hier landeten früher alle Kranken an – vor dem Bau der Ogowe-Brücke. Sie wurden aus allen Richtungen, oft hundert Kilometer weit auf Flüssen, Bächen, Seen mit den Piroguen zum Krankenhaus gefahren, begleitet von ihren Angehörigen, die für sie

sorgten, kochten, sie auf der Krankenreise betreuten. Sie mußten ihren Reiseproviant abgeben und wurden dann einheitlich nahrhaft verköstigt. Behandlungsgelder wurden nicht erhoben. Wir gehen durch das Tor zum alten Spital. »Selig sind die Friedfertigen ...«: »Heureux les pacifiques ...« steht in Schweitzers Lettern und Duktus am rechten Betonpfeiler, eingegraben von seiner Hand. »Selig sind die Barmherzigen ...« am letzten Pfeiler rechts. Links sind die Mitarbeiter(innen) des Spitals zu verschiedenen Zeiten der dreißiger Jahre genannt.
Nach der Tordurchfahrt rechts der Eingang in die »Grand Pharmacie«: Konsultation, Behandlung, Medikamenteneinnahme, Diagnose und Laboruntersuchungen fanden hier statt. Die Apothekenkammer unterteilt auf den Regalen: »nez«, »yeux«, »oreilles«, »vagina«. Der Kreißsaal ist leer, bis auf eine Liege. »Viele Gabuner sagen mir noch heute«, meint der Pfarrer, »sie hätten hier das Licht der Welt erblickt!«
Der Operationssaal war ursprünglich ohne Strom. Erst seit 1954 benutzte Schweitzer Elektrizität (durch einen Generator) beim Operieren. Wollte er keine Abhängigkeit von zu anfälliger Technik? Kürzlich fiel nach einem Blitzschlag der Strom vier Tage aus – eine Katastrophe für ein Krankenhaus, das noch kein wirklich funktionierendes Notaggregat besitzt (nur eines für eine Stunde, um eine Operation zuendebringen zu können). Bis 1976 wurde im alten Spital operiert, bis 1978 hier konsultiert und behandelt. 1981 erst wurde das neue, moderne Operations- und Behandlungsgebäude 400 Meter oberhalb des alten Spitals eingeweiht.

Der Operationstisch, ein spartanischer Hocker davor. Zangen und chirurgische Geräte im Schrank. Der Zahn der Zeit frißt schnell – mörderisches Klima und Termiten fressen mit. Ein Türpfosten ist innen völlig ausgehöhlt. – Der Pfarrer führt uns an der Zisterne vorbei zu den beiden Glocken, die Arbeit und Tag aus- und einläuten oder zum Gottesdienst rufen – noch heute, wie auch uns heute morgen. Wie sensitiv auch Pflanzen sind – nach Schweitzer erstreckt sich die »Ehrfurcht vor dem Leben« auch auf sie –, demonstriert uns Pfarrer Frey durch leichte Schläge auf kleine Mimosen.

Wir besichtigen auch Schweitzers Garten – jetzt wird dieser nicht mehr gepflegt. Er hatte den Garten mit dem Mist der eigens von ihm gezüchteten Preisziegen gedüngt, um europäisches Gemüse, etwa Tomaten, zu ziehen. Er hatte sich um alles gekümmert: »Die Diagonale in seinem Nebenzimmer interessierte mich immer am meisten«, meinte Pfarrer Albert im Hause seines Namengebers: links die Utensilien des praktischen handwerklichen und landwirtschaftlichen Lebens im Regal, rechts diagonal gegenüber die von ihm und über ihn erschienenen Bücher (in über acht Sprachen sind seine Werke übersetzt). Nur liegt leider noch keine Gesamtausgabe vor. Eine geplante kritische gar ist gefährdet – bis vor kurzem durch einen eigensinnigen Rechte-Inhaber und durch einen allzu säumigen oder unfähigen, nicht potenten Verlag, dem Schweitzers Tochter gar den Prozeß machen will. Ein Skandal, daß die einzige Möglichkeit der überlokalen Weiterwirkung, durch die der Begründer und Autor selber sprechen kann, völlig unnötigerweise so kleinkariert vertan, vergeben wird.

Auch die Weiterexistenz des Spitals dürfte von dieser Wirksamkeit abhängen, wenn einmal die Generation seiner Zeitgenossen verschwunden sein wird – und dieser Fall wird bald eintreten! Die Hilfsvereine für Lambarene sind auf des Doktors Werke und Stimme angewiesen und werden dies zunehmend in entscheidender Weise sein... Rettet Schweitzers Werk durch seine Werke!

Am Abend tanzen Kinder und junge angehende Damen einen Hüft- und Steißwackeltanz zu hölzernen Rhythmen der Schlägelwirbel auf ein Hohlholz und zu dumpferen Bumbumtönen der Handtrommler. Die Tanzenden winden sich, in weiße Tunika-Tücher gehüllt, tragen grünliche Haaraufsätze als Ringe auf dem Kopf. Bastartige grüne Fransenschurze am Steiß betonen das Zucken der Hüften. Eine Mischung aus Bauch- und Hüft- oder Steißtanz mit verhalten vorgeschobenem Stepschritt schräg seitlich mit Hüftdrehung nach links und rechts. Die Fransenschurze wippen im Takt der Nachziehtritte. Drei- bis vierjährige, zaghaft die Bewegung andeutende Kinder sind darunter, blicken mit großen dunklen Augen im Weißfeld ohne Brennpunkt in die Ferne – hineingetaucht in die Bewegung. Wie die Tänzerin Athikte bei Valéry in *Die Seele und der Tanz*: »Ich war in dir, o Bewegung, außerhalb aller Dinge ...«

Die Antilope mit den sprossenden Jungbrüsten vom Badestrand des Vortages mimt die Vortänzerin, lässig elegant, fast herausfordernd ist sie sich ihrer Jugendschlankheit jenseits schon aller Schlacksigkeit bewußt: Mit dem leicht geweißten Gesicht und der

Tunikahelle kontrastiert das Ebenholzschwarz der muskulös wirkenden Arme und Schultern. Unschuldig-ahnungsvoll verführerische schwarze Antilopenmaid! Sie zieht den etwas quäkenden Gemeinschaftsgesang lang aus, führt die Wechsel und den Ton mit Intonation und Pfeife an, stampft und dreht sich, windet sich im Schlagtraum der treibenden Trommeln. Die Hüfte und der Steiß der heranreifenden Gazelle schwingt weicher als das Zuckig-Zackige beim Hüftenknick der Kinder. Ihrer Wirkung scheint sie sich doch schon halb bewußt: Die geschürzten Lippen, der leichte Schwung der Armlässigkeit und der fordernd überbogene Rückenzug bezeugen es. Eine schöne junge Wildkatze, ein Talent der Tanz- und Selbstdarstellung zeigt sich genießerisch-narzißtisch, noch unverstellt, noch unverbraucht dem Blick, gibt sich hinein in den Bewegungsschwung: »Ich war in dir, o Bewegung, außerhalb aller Dinge ...«

Die zwei großen Alberts! Albert Einstein, selbst einer der größten Wissenschaftler, nannte Albert Schweitzer den bedeutendsten Menschen des zwanzigsten Jahrhunderts und attestierte ihm »schlichte Größe«: Bei niemandem sonst seien »Güte und Sehnsucht nach Schönheit so ideal vereinigt... wie bei Albert Schweitzer«. (Dieser war freilich Superlativen und Komplimenten für seine Person und Leistung sehr abhold.) Was bleibt vom Werk dieses Bedeutenden? Kann man das in Lambarene besonders deutlich erkennen? Hier ist die Hochburg seines praktischen Wirkens.

Auch hier aber droht eine Hochburg etwas an Konturen zu verlieren – jedenfalls besteht die Ge- fahr, daß sie verfällt. Mit der großen Gründerpersönlichkeit geht ein Teil der Treibkraft dahin. Mühsamer muß der Gang aufrechterhalten werden. Epigoneninteressen und möglicherweise -kämpfe oder -eifersüchteleien spielen mit. Die Anfangsfaszination schwindet nach einer Aufwallung beim Tod des Gründers allmählich und unmerklich. So braucht man dringend Persönlichkeiten, die dem Werke dienend ergeben, ohne eigene Ehrgeizinteressen sind – wie hier in Lambarene die Mediziner(innen), die Pfleger(innen) und derzeit auch Pfarrer Frey – Persönlichkeiten, die dennoch motivierend, ja, beflügelnd, oder besser: befeuernd, wirken können: das Feuer, die Flamme weiter unterhaltend, die Fackel weitertragend! Und Personen wie jene Suzanne im Gottesdienst, die den Großen Doktor gekannt und verehrt hatte und nun in unermeßlich wichtiger Funktion die Transmissionsaufgabe übernimmt – hier der Übersetzung, Museumsaufsicht, Handkasse des Souvenirverkaufs und vieles mehr. Sie mußte sich eigentlich wie eine Priesterin fühlen, wenn sie mit sonorer Stimme die langgezogenen, teils abgehackten Fangperioden von sich gab. Aus ihr sprach noch der Geist des Meisters, unoriginell nachgeeifert zwar, aber in echter Statthalterschaft vermittelt. Es war ein bemerkenswertes Gespann im Gottesdienst. Leider wird der Pfarrer nur bis zur Mitte des nächsten Jahres bleiben. Er scheint mir geradezu unersetzlich als interner Motivator, Animator und als Public-relations- und Human-relations-Talent zugleich: Ein Kristallisierpunkt, um den sich die Traditionsbildung konkret aktivieren kann, der und um den mitreißendes, anfeuerndes Leben atmet. Eine Art Klein-Schweitzer-Stellvertreter, Weitervermittler im eigens übernommenen Auftrag seines großen Patenonkels, von dem er unendlich viele Anekdoten zu erzählen weiß – z. B. diese: Als amerikanische Reporter da waren, fragten sie Schweitzer: »Stimmt es, daß die Hühner Ihnen (dem Tierethiker) nachlaufen, wenn Sie durch das Dorf gehen?« – »Natürlich! Kommen sie mit mir zu dem Visitengang ins Lepradorf. Da werden Sie's sehen!« In der Tat, die Hühner liefen dem Urwalddoktor auf Schritt und Tritt nach. Als die Reporter ihre Bilder gemacht, ihre Berichte verfaßt und verschickt hatten und Schweitzer sich dessen vergewissert hatte, meinte er zu ihnen: »Nun kann ich es Ihnen ja sagen, warum die Hühner mir nachlaufen: Ich habe eine Handvoll Reiskörner in der Tasche gehabt und ständig beim Gang durch das Lepradorf einige ausgestreut!«

Zurück zur Institution nach dem Abgang des großen Gründers: Mir fiel es wie Schuppen von den Augen: Viele organisatorische, strukturelle und besonders auf Motivations- und Traditionserhaltung ausgerichtete Fragen stellen sich hier ganz ähnlich wie bei einer anderen Hochburg, deren Entwicklung ich selbst als Beteiligter genau verfolgen konnte – nämlich bei der Ruderakademie des großen Trainers Karl Adam in Ratzeburg. Ist die Gründerpersönlichkeit, um die herum die Institution gebaut, auf die sie einzig und geradezu unersetzlich bezogen ist, verstorben, so beginnen nach dem Auslaufen der ersten öffentlichen Aufmerksamkeitswelle die Schwierigkeiten der Traditionsbildung und -erhaltung: Wie kann die Hochburg weiterbestehen ohne den Gründer, ohne den Hauptaktionskern, ohne die faszinierende Persönlichkeit? Gibt es eine Möglichkeit, ein dauerhaftes Image für die Öffentlichkeit zu entwickeln? Gerade auch von ihm hängen Resonanz, Bekanntheitsgrad, Unterhalt und Nachwuchs eines solchen Zentrums ab. Läßt sich eine interne Motivation von genügender Durchhalte- und Schubkraft erzeugen und aufrechterhalten? Die von Max Weber betonte »Veralltäglichung des Charismas« wirft bei den Hochburgen dieser Art ebenso Probleme auf wie bei der Nachfolge charismatischer Herrscher und Religionsgründer.

Wie sich die Bilder, Reaktionen und Entwicklungen gleichen! Die Ruderakademie verfällt, während der Ruhm des Gründers sozusagen noch ohne Bodenhaftung, ohne institutionelle Basis im fiktiven öffentlichen Raum fluktuiert, im Image der Erinnerungen mehr als in der Wirklichkeit. Der allmähliche Faszinationsverfall läßt sich nicht völlig verhindern, allenfalls mühsam aufhalten – doch nur eine Zeitlang. Man ist auf neue Mechanismen der institutionellen Umorientierung und Neustabilisierung, eventuell auf Aufgabenwandlung und Funktionsverlagerung angewiesen. Dies gilt selbst dann, wenn die originären Ursprungsaufgaben weiterbestehen und weiterversehen werden (müssen). Institutionen, die auf Motivation und Faszination, auf Begeisterung und Begeisterungsfähigkeit gestellt sind, sind auf ständiges Weiterbrennen des Urfeuers angewiesen. Mit der befeuernden Persönlichkeit verfallen auch sie, sind sie zumindest gefährdet, verlieren einen Teil ihrer

Faszinationskraft, wenn auch nicht ihrer äußeren Existenzberechtigung. Äußere Funktionsnotwendigkeit, formelle Existenzberechtigung sozusagen, reicht nicht zur sinnvollen, überzeugenden, anzustrebenden oder gerechtfertigten Weiterexistenz. Man muß mit einer gewandelten Berechtigungsgrundlage, mit geänderten oder modifizierten Motivationen leben können. Das Feuer der Motivation muß anderweitig genährt, unterhalten, gelegentlich neu angefacht und dauernd gefächelt werden. Persönlichkeiten wie die Gründer von Hochburgen sind durch nichts zu ersetzen. Dennoch muß ihr Werk durch Traditions- oder Stättenbildung über den Alltagszusammenhang herausgehoben werden, wenn die Institution unbezweifelt weiterbestehen soll. Der Veralltäglichung des Charismas muß eine Art »Verheiligung« des Gründers und seiner Wirkungsstätte entsprechen. Eine Art »heiliges« Zentrum entsteht. Museale Reliquienbildung läßt sich beobachten. Grabstätte, Museum, Arbeits- und Lebensraum des Gründers, manche Sonderheiten werden peinlichst bewahrt, unverändert belassen – und weisen dennoch die allbekannten Verfallserscheinungen auf. Besonders in Äquatorialafrika, wo die Termiten das Holz der Schweitzer-Bauten schnell zerfressen. Sein selbstgebautes Wohnhaus mit dem Arbeitsraum mußte haargenau von einem Schweizer Schreiner aufgenommen und wiedererbaut werden. Zerfressene Holzlatten, -balken und die Termitennester aus dem alten Haus zeugen von der überschnellen Vergänglichkeit der Bauten und des zivilisatorisch dem Dschungel abgerungenen materiellen Unterpfandes des Werkes. In Äquatorialafrika muß man unermüdlich gegen die wuchernde

Gewalt des Urwalds und das ständige Überwältigtwerden alter Kulturoasen kämpfen. Eine Sisyphosaufgabe!

»La Grande Pharmacie«, die seit Mitte der zwanziger Jahre erbaute und 1927 fertiggestellte Gebäudegrundlage der Schweitzer-Arbeit, den Operationsraum, Konsultations- und Behandlungshalle enthaltend, zerfällt derzeit zusehends. Gelder stehen bereit für einen Nachbau: Man fand nur noch keinen Schweizer Schreiner für den exakten Schweitzer-Nachbau wie seinerzeit bei der Wohnhausrestaurierung.

Schweitzers Ausstrahlungskraft war und ist noch weltweit. Die erwähnte Quasi-»Verheiligung« gelingt bei ihm noch glatter, glaubhafter als im vergangenheitsfeindlichen, an Archivierung und Bewahrung uninteressierten Hochleistungssport.

Karl Adams Werk hat es schwerer in schnell vergessender Zeit, wo man über vergangene Leistungen immer schneller hinweggeht. Zudem war die allgemeinere, durchaus vorhandene ideengebundene Einbettung hier nicht so resonanzkräftig abgesichert: Pädagogik und Leistungsorientierung als anthropologische Grundlage statt Ethik und Religion der Nächstenliebe und der aktiven Hingabe. Die Person Schweitzer eignet sich fraglos besser zur »Heiligung« als Adam. Sein Bild figuriert schon als Altarbild an der Frontalwand der Spitalkirche. Zu Recht, denke ich.

Auch mit der Nachlaßwahrung des geschriebenen Werkes ergaben sich übrigens interessanterweise parallele Probleme – hier besondere, geradezu skandalöse Umstände beim Nachlaß Albert Schweitzers. 25 Jahre nach seinem Tode ist noch kein Nachlaßband erschienen – obwohl die Ethikteile, von Johann Zürcher bearbeitet und sorgsam kritisch redigiert, im Manuskript seit Jahren druckreif vorliegen. Adams Nachlässe sind – von mir – ausgewählt, ediert, werden aber nicht mehr gelesen – selbst von denen nicht, die unmittelbar daraus Nutzen ziehen können. Ein Archiv wiederum besteht hier nicht (die Ratzeburger Ruderakademie müßte dieses leisten – und es wäre nicht einmal schwierig oder teuer, dies zu tun!). Schweitzers Schriften hingegen sind atombombensicher in Zürich deponiert – Kopien liegen in Günsbach (leider nicht auch in Lambarene!).

Und wie sich beide Persönlichkeiten in ihrer robusten, eigenwilligen Art ähnelten! Sie gingen ihren Weg gegen alle Schwierigkeiten und äußeren, widrigen Umstände, unbeeindruckt von Feinden und Zauderern. Beide waren Faszinations- und Motivatorenwunder! Beide ruppig bis bissig im Umgang, starrköpfig in der Verfolgung des von ihnen als notwendig oder richtig Erkannten, konsequent im Befolgen des eigenen Plans, nicht bereit zu faulen oder falschen Kompromissen, zu Zugeständnissen oder Speichelleckereien. Im Umgang mit Mächtigen und journalistischen Öffentlichkeitsrittern gestatteten sie sich keine abweichenden Strategien – selbst um den Preis, sich das Leben oder die Weiterexistenz des gegründeten Werks (der Hochburg) zu erschweren:

Schweitzer lehnte eine finanzielle Sicherung und Sanierung durch einen amerikanischen Industriellen einfach ab. Er wollte sein Werk weiterhin von der freiwilligen Gebefreudigkeit privater Stifter und Spender abhängig wissen – trotz aller, zeitweise ernstlich gespürten finanziellen Notlagen, die er schon zu Lebzeiten schwerlich durch Einnahmen aus Konzert- und Vortragsreisen zu überwinden vermochte. Adam mußte sich zu Sicherung und Weiterexistenz der hochtrabend (gegen seinen Willen!) so genannten »Akademie« in institutionelle Abhängigkeit vom entsprechenden Verband und von einer dem Bundesministerium unterstellten Organisation des Leistungssports begeben – womit die spätere Verbeamtung und eine gewisse entsprechende Mentalitätsbildung nach seinem Ableben vorprogrammiert waren.

Obwohl zu etwa 30 Prozent abhängig von budgetartigen Dauerzuwendungen des Staates Gabun, blieb dieses Schicksal dem Lambarene-Spital bislang erspart. (Glücklicherweise sieht es mit den Spenden für das Werk Schweitzers und der internationalen Bereitschaft dazu noch verhältnismäßig günstig aus.) Wir – gerade auch wir Deutschen – erwarten allerdings im allgemeinen viel zu vieles vom Staat, von der zuständigen Institution oder Organisation – und können so scheinbar unser Gewissen leichter beruhigen. Jemand wird schon zuständig sein – also nicht wir.

Dagegen die großen eigenhandelnden Querköpfe, Querdenker, Querhandelnden – die Unbequemen wie Schweitzer und Adam! Nur ihnen verdankt man wirklich neue Anstöße, notwendige Impulse, öffentliche Initiativen und fortwirkende Ideen. Konstruktive Kritiker und Vordenker – noch immer haben sie es in der Welt schwer gehabt, besonders in Deutschland! Öffentlichkeit, Wissenschaft, Kirchen, Institutionen allen öffentlichen Engagements und aller kreativen und aktiven Bereiche – wie gerade auch der Umwelt, Freizeit, Kultur – bedürfen dringend solcher Querköpfe als ihrer Impulsgeber und als Vorbilder des Selbstdenkens, Eigenhandelns, Eigenleistens. Einstein hatte recht mit seiner Hochschätzung Schweitzers. Gerade die größten Eigensinnigen haben, falls sie nicht ausgebotet werden, manchmal die Chance, durch ihre Auffälligkeit, durch ihr Anecken ihre Wirkung zu setzen und dadurch im Gedächtnis zu bleiben – länger als aalglatte Anpasser, die geschickt auf der publizitären oder politischen Klaviatur der Beziehungsoptimierung spielen. Leider haben die Unbequemen diese Wirkungschance nur, wenn sie Erfolg haben oder ihren Erfolg hatten. Und wenn sie ihren Erfolg haben, ist oft die Hauptarbeit und Mühe der Initiation und Innovation, der beschwerlichen Werkerstellung schon fast vorüber. Die öffentliche Erfolgswirkung hinkt nach, ist schon fast ein Zeichen des ersten institutionellen Abstiegs, des beginnenden Verfalls. Die Veralltäglichung des Charismas mag schon zu Lebzeiten des großen Protagonisten einsetzen. An Adams Akademie sah man dies deutlich – und vielleicht war dies auch schon spürbar bei Schweitzers Lambarene – in den späten Jahren seines Lebens. Doch Schweitzer war zu herausgehoben als Legende und Symbol, um diese institutionellen Probleme in der Öffentlichkeit schon wirksam und bemerkbar werden zu lassen.

Im Sport hingegen altert die erbrachte Leistung schneller. Man kann sich auf diesem Felde nicht sistieren: Verweilen im Status quo ist hier wie nirgends sonst (außer in der Hochleistungswissenschaft, die dem sportlichen Leistungshandeln und ihrer institutionellen Prägung sehr ähnelt) schon Rückfall, unaufholbarer Rückstand!

Schweitzers Lambarene brauchte nicht dem Zeitgeist hinterherzuhecheln oder gar »to run in front of your shadow« (wie der postmoderne amerikanische Schriftsteller John Barth den neumodischen Zeitgeist ausdrückte): Er brauchte nicht ständig neue Rekorde auf die erbrachte Leistung, auf das erstellte Werk zu setzen, um auf der Stelle zu bleiben – außer im engeren, unmittelbareren Sinne der ständigen unermüdlichen Auseinandersetzung mit dem Überwuchern des Dschungels. Seine Rückkehr 1924, nach der weltkriegsbedingten Unterbrechung von 1917, erforderte statt einer Wiederinbetriebnahme einen totalen Neuaufbau, der bis Ende 1925 dauerte, doch sich sogleich bei einer Dysenterie-Epidemie als zu klein dimensioniert erwies und einem dritten, drei Kilometer flußaufwärts erbauten Spital weichen mußte. Schweitzer war zum Schicksal eines Dauerbaumeisters nach dem medizinischen Tagewerk verurteilt – selbst nach der Fertigstellung und der Inbetriebnahme des ersten Gebäudes des dritten Spitals gegen Ende des Jahres 1927.

»Im Schatten Albert Schweitzers« soll das Erinnerungsbüchlein des Patensohnes Albert Frey, des Elsässer Pastors, heißen, das bald erscheinen soll.

Eben, so erzählt er uns stolz, habe er das Manuskript abgeschlossen. Er will es einem Treuhänder unserer Gruppe, dem Pfarrer aus dem Vorstand des Deutschen Hilfsvereins, mitgeben für den deutschen Verlag. »Im Schatten« heißt es im Titel deswegen, weil er sich – so der Patensohn – neben der großen Figur des Urwalddoktors und Homo universalis oft beschämt gefühlt habe, aber auch, um zu dokumentieren, daß es bei Großen auch Schattenseiten gibt und daß diese nicht verschwiegen werden sollten. Heiligenscheinbildung mache auch einen Großen unglaubwürdig.

Schweitzer habe sehr zornig werden können, wenn einmal die Arbeiter überhaupt nicht »spurten«. Er habe gemurrt, geschimpft und mit kräftigen Ausdrücken nicht gespart. Einmal habe er sogar der oben erwähnten Suzanne, der heute alten, treu ergebenen Assistentin, beim Gottesdienst einen Lappen ins Gesicht geschlagen. »Er hat es aber nur aus Liebe getan«, habe sie später beschwichtigend, entschuldigend gemeint – eine echte christliche Seele, die wohl gerne noch die andere Wange hingehalten hätte...

Karl Adam schlug einmal gar einen Lehrerkollegen der eigenen Schule nieder – und hatte auf einer Klassenfahrt nachts einen von mehreren lärmenden Jungen in der Jugendherberge im Harz mit einer Ohrfeige zur Ruhe bringen wollen und ihm das Nasenbein gebrochen. Als einstiger Studentenweltmeister im Schwergewichtsboxen hätte er sich mehr im Zaume halten müssen. Jähzornige, eigenwillige, knorrige Selbstlinge, diese großen Querköpfe und Eigenhandelnden! Wie ähnlich müssen beide in ihrer

Totaleinsatzbereitschaft, Konsequenz, Ideenbesessenheit und im Anpacken von scheinbar unlösbaren praktischen Problemen gewesen sein – wenn auch auf völlig verschiedenen Gebieten! Eigenleister, Leistungsasketen, Pädagogen, große Begeisterer und Motivatoren – jeder auf seine Weise: Adam in der sportlichen Szene und in der Leistungspädagogik, Schweitzer in der praktischen Ethik. Praktische Hochleister, ja, praktische Genies, Praktikergenies waren sie beide. Schweitzer übte mit seinem viel weiteren Spektrum eine weit größere Symbolwirkung und auch eine viel länger anhaltende weltweite Faszinationskraft aus. Zu seiner Zeit freilich hatte auch Karl Adam eine weltweite Wirkung: für den Rudersport und für den ganzen deutschen Sport, deren herausragender Intellektueller und Praktiker er zugleich war. Für seine Schüler und aktiven Trainingsleute hatte er gewiß eine vergleichbare Autorität wie Schweitzer für seine Helfer und Kranken.
Meine beiden Vaterfiguren. Sie stehen trotz charakterlichen Ähnlichkeiten und vergleichbarer Erziehungsfaszination in einem Gegensatz zueinander: Adam, der Leistungsmensch der meßbaren, vergleichbaren Eigenleistung in der geregelten Hochleistungskonkurrenz, im Wettkampf – Schweitzer, der Genius der praktischen ethischen Hingabe und der Argumentation dafür. Beide übrigens waren zur totalen Eigenleistung, zum Engagement ohne Frage nach Lohngeld, Ruhm und Eigenprofit gleichermaßen bereit.

Vor und nach der Zeit meines Abiturs 1955 hatte ich mich mit Albert Schweitzers Schriften zur Kultur-

philosophie (I und II) und Ethik befaßt, wollte ihm gar nacheifern, indem ich den Plan faßte, Medizin zu studieren. (Doch gab es damals nur wenige Studienplätze für Studenten ohne garantierte spätere Praxisübernahme.) Ich hatte – wie erwähnt – meine erste oder zweite »halbwissenschaftliche« Veröffentlichung in Gestalt einer Besprechung von *Kultur und Ethik* in der von mir redigierten Schülerzeitschrift verfaßt. Adam war es, der mir nahelegte, man könne doch sein Leben auch Gesunden dienend widmen, indem man lehrt und auf diesem Wege jungen hoffnungsvollen Menschen hilft. Es sei ebenso wertvoll, sich der Jugend zu widmen wie den Kranken und Leidenden. Das überzeugte. So wollte ich denn Lehrer werden, und wurde es – vielleicht in anderer Weise als ursprünglich konzipiert.
Mit Adam hatte ich zu jener Zeit meiner Schweitzer-Lektüre viele Diskussionen über eines meiner Lebensthemen, das der Leistung, der Eigenleistung. Ich warf ihm rigorosen Leistungsfanatismus vor, wenn er alles Eigenhandeln, sogar die Bildungsgesichtspunkte, stets unter Leistungs- und Konkurrenzgesichtspunkten zu sehen neigte. Ich war damals auch sehr christlich beeinflußt durch unseren Religionslehrer Wolansky, zeitweilig auch durch einen faszinierenden Jugendpfarrer. Adam gab nach langen Debatten zu, daß er zu einer gewissen Einseitigkeit neige, dazu, alles durch die Leistungsbrille zu sehen – gab mir aber zu bedenken, daß er den Leistungsaspekt nicht zu eng verstanden wissen wollte. Es gebe auch Leistungen, die nicht dem Aspekt der Wettkampfkonkurrenz unterliegen – jedenfalls nicht unmittelbar. Und die ethischen Leistungen – besonders

diejenigen Schweitzers – zählten, meinte er, an hervorragender Stelle dazu. Auch sie hätten mit der Selbstbewertung, dem Rangstreben zu tun – und seien so indirekt dennoch ähnlich zu sehen wie die Wettkampfleistungen. Aber ist das nicht eine narzißtische, vielleicht gar leistungsneurotische Verzeichnung? Albert Schweitzers Ethik und Einstellung hatten wohl nichts mit der Selbstprofilierungssucht – etwa durch ethische Leistungen und Rangstreben – zu tun. Eher etwas mit dem schlechten Gewissen eines, der sich selbst als unverdient privilegiert empfindet, oder gar mit einer Sühnemotivation: Müssen wir nicht ein (nicht nur symbolisches!) Zeichen der Wiedergutmachung für alles setzen, was weiße Kolonisten den Schwarzen in Jahrhunderten angetan haben? Zudem ist moralische Motivation und helfende direkte Hingabe kein Ausfluß pharisäerhafter Selbstbespiegelung oder Selbsterhöhung. Nächstenliebe sieht m. E. den anderen Menschen in seiner Bedürftigkeit und nicht den eigenen Rang.

Nicht ohne Grund hatte Karl Adams Hauptmotto (das man später auf seinen Gedenkstein setzen ließ) gelautet: »Die Struktur der Leistung ist auf allen Gebieten gleich.« Übertrieben zwar, zugespitzt ist dieser Satz, doch eine wahre – wenn gleich beschränkte – Grunderkenntnis steckt vielleicht dennoch darin: Wenigstens *ähnlich* sind verschiedenartige Motivationsvorgänge, Charakterbedingungen, Einsatzbereitschaft, Mobilisierungsumstände bis hin zur Adrenalinausschüttung, zur hormonellen »Einstellung« auf Leistung, bis zu den Regeln der Trainingsvorbereitung, zum Durchhaltevermögen (95 Prozent

Transpiration bei 5 Prozent Inspiration, Beethoven zufolge), zur Erfahrung, Selbsterkenntnis, Selbstüberwindung und Selbstkontrolle sowie bis zum Wissen um eigene Reaktionsweisen – etwa beim Lampen- oder Startfieber. Alles dies und vieles andere findet sich bei Hochleistungen unterschiedlichster Art in ganz ähnlicher Weise. Sicherlich sind physische Ausdauer- und Energie- oder Kraftleistungen nach vielen kennzeichnenden Merkmalen von den intellektuellen oder gar ethisch-sozialen Leistungen zu unterscheiden. Doch Grundähnlichkeiten können ausgemacht werden. Das Wort Karl Adams ist nicht ohne tieferen Sinn, besonders nicht ohne pädagogische Bedeutsamkeit. Und es hat mich später in der Trainingszeit – wieder mit und unter Adam (der alte Adam kam und kommt immer wieder durch!) – begleitet. Auch theoretisch habe ich mich in der Leistungsphilosophie, in der Sportphilosophie und in der Motivationsphilosophie mit diesem Vergleich ausführlich und differenzierend auseinandergesetzt. Doch sind diese Ähnlichkeiten auf Konkurrenz-, Rang- und Profilierungsleistungen eingeschränkt. Güte, Liebe und Nächstenliebe unterliegen diesem Leistungsschema nicht.

Wie schrieb doch der in Deutschland lebende spanische Journalist Saña Heleno so treffend: »Diese Leistungsbeflissenheit, dieses tiefe Bedürfnis, den anderen zu imponieren und von ihnen Zustimmung und Applaus zu erwarten: Ist das nicht unbewußtes Theater, das Verhältnis, das zwischen Schauspieler und Parkett besteht?« Dies bleibt wirklich zu bedenken!

Die beiden Vaterfiguren – ähnlich in der Gegensätzlichkeit, oder eher: im Unterschied. Wissenschaftliche Debattierer mit weitem Spektrum, kritische Rationalisten und Realisten sowie praxiszugewandte Denkende und Handelnde waren sie beide. Nicht im Sinne des ironisierenden Wortes: »Ein Theoretiker ist ein Mensch, der praktisch nur denkt; ein Praktiker ist ein Mensch, der nur praktisch denkt!« Sie taten, wollten beides, waren engagiert bis zum Äußersten und – waren erfolgreich: Eigenleister mit System par excellence. Hervorragende Leistung und Leistungsautorität, funktionale Autorität wiesen beide auf und forderten diese auch von sich und anderen. Bloße Amtsautorität und äußeres Imponiergehabe, alles Gestelzte und Eingebildete war ihnen zuwider und völlig fremd. Echte Eigenleister beide! Jeder auf seinem Wege.

Doch Schweitzers Spektrum ging weit über die Leistungsbeflissenheit hinaus. Ihm gilt es nachzueifern. Leistung sollte nicht als L̀art-pour-lart-Spiel allein kultiviert werden. Leistung ist kein absoluter, kein existenzieller Selbstzweck. An sich genommen wäre sie einäugig, engstirnig. Leistung ist instrumentell. Sie ist nur unter sozialen Werten und Zielen sinnvoll. Dies müßte ich und muß ich wohl noch tiefer, in eigenständiger Verarbeitung beherzigen!

Und so kann es auch nicht um eine Imitation eines dieser oder beider »Überväter« gehen, sondern darum, meinen persönlichen Weg eigener Entscheidung zu finden, einen Pfad zu schlagen in den unwegsamen oder orientierungsmarkenarmen Dschungel der Möglichkeiten. Eigenleistung ja, aber selbst die Form, Gestaltung, Interpretation derselben muß ein

sozial sinnvoll fundiertes Eigenes, muß eigene, aber auf andere ausgerichtete Entscheidung sein. »Selbstdenker, Selbsthenker!« meinte Friedrich Nietzsche. Selbstlenker wär hier – zwar kalauerartig klingend – angemessener. Selbstdenker, Selbstlenker.
Die Besinnung und die kritische Wiederbesinnung – Re-flexion – auf die eigenen Vaterfiguren können dabei hilfreich sein. Sie können und müssen gerade den Absprungpunkt markieren. Wer nur den Vätern folgt, bleibt uneigentlich, unoriginell, zumindest unoriginär!

Originale waren beide »Väter« sicherlich, originelle Denker im höchsten Anspruchssinne nicht. Wohl deswegen auch widmeten sich beide vorwiegend der praktischen Wirksamkeit. Ihre Originalität oder relative Genialität bestand in der Selbst-Verpflichtung auf einen weiten Blickwinkel, auf Rationalität und Einsatz für andere und für praktische Ziele, die vorbildhaft und teils geradezu symbolhaft, legendenbildend realisiert wurden. Genien der praktischen Handlung und breiten Orientierung; Philosophen der Praxis auf ihre Art waren sie, pragmatische Philosophen der neuen Weltsichten, der Erschließung neuer geistiger Kontinente zweifellos nicht. Wie formulierte doch Michel Serres so anspruchsvoll oder präpotent: »Solange man keinen neuen Kontinent entdeckt hat, ist man kein wahrer Philosoph«, »ein durchaus achtbarer Wissenschaftler, aber kein Philosoph«?

Lassen wir bei aller Eindrucksfaszination, bei der erdrückenden menschlichen Praxisgröße besonders des

einen (Schweitzers) und angesichts der erfahrungs- und erinnerungsmächtigen, von mir persönlich empfundenen Lebensgröße des anderen nun den alten Adam in Schweitzer und den Schweitzer-Anspruch in Adam dahingestellt. Dem eigenen Weg, der eigenen Wegplanung, dem zu erschließenden, dem eigenen Kontinent, der möglichen originären Eigenleistung will ich mich künftig entschiedener zuwenden. Über Adam und Schweitzer hinaus. »Das Beste aber behaltet!« Baue es in genuin Eigenes ein!
Der Absprung zum neuen Kontinent!

Man traf sich an der Anlegestelle des Spitals. Wir besteigen die Pirogue, überqueren den Nebenarm des Ogowe, der das Schweitzerspital von der Insel Lambarene trennt und landen kurz vor dem Hotel Sofitel. Naßfrisch unter brennendem Mittagsgestirn schwimmen wir in dessen Bad, genießen dann ein Steak à la Europeénne und – geradezu schlechten Gewissens – die Komfortvergünstigungen der weltumspannenden gastronomisch-teuren Nobelhotelzivilisation. Hier hätten wir eigentlich wohnen sollen. Wieviel wohler fühle ich mich im Studio 4 oberhalb des alten Spitals! Auf der Landkarte im Foyer finde ich die Dörfer an der Piste, bis zu denen ich gestern gelaufen war: Mbintone oder gar Mikéné – ein klassisch klingender Name für die Blätterhütten unter Palmen!

Nach dem Essen ein kurzer Gang in der belastenden Mittagshitze zum Kloster des Heiligen François, einem Nonnenkloster mit Klosterschule. Hier nächtigen einige der Damen aus unserer Reisegruppe. Ein zweistöckiger, hochbeinig wirkender Ziegelbau mit der üblichen umlaufenden, überdachten, auf Säulen stehenden Terrasse, in Blüten eingebettet. Gelbberockte Mädchen warten auf das Glöckchen, das sie zum Nachmittagsunterricht ruft. Ein großer junger Dobermann mit unkupiertem langen Schwanz – Nonnenbeschützer, der Nonnen »Anstandshund«? – kommt angeschmeichelt. Schattige Siestasitzung.

Das Zehntausend-Seelen-Städtchen Lambarene. Wir besuchen Kirche und Pfarrer der neu, nach zwei Jahrzehnten wiederversöhnten protestantischen Einheitskirche des Landes. Beim Betreten überfallen uns, die Sündigen, schockweise Sandflöhe! Nur die Pfarrer, die eifrig zum Altar, der nur aus einem Holzkreuz an der Wand besteht, geeilt sind, bleiben verschont. Mauer, nackter Boden, Holzgebälk, luftige Windscharten. Das Dach sei schon zweimal vom Sturm fortgeblasen worden. Jetzt habe man eine recht stabile Wellblechdachkonstruktion provisorisch auf die Mauer gesetzt. Kirche, Glaube, Weltbewältigung – alles ist hier provisorisch-fatalistisch. Wie sehr, das sollten wir noch am eigenen Leibe »erfahren«. Gänge zur Post (deren Außenbriefschlitz über eine offene, gefüllte Sickergrube plaziert ist, so daß man auf schmalem Lehmband balancieren muß, um Briefe in die Welt zu senden), zum Markt durch die »Rue Schweitzer« am Fluß entlang. Auf dem Markt räumen Händler eilig ihren Auslagentrödel zusammen: Pechdüstere Wolken drohen, fahle Blitze zucken, ziehen mit unheimlicher Schnelligkeit auf. Pfarrer Frey nimmt sein unerschütterliches Gottvertrauen zusammen und bestellt eine Pirogue mit

Heckmotor. (Kurz zuvor hatte er das Angebot eines Bekannten abgelehnt, uns mit dem Jeep ins Spital zu fahren, weil er noch eine Besorgung tätigen wollte.) Leere Plastikbierkisten als Sitze in dem schmalen, aus einem Stamm gehauenen Einbaum erhöhen den Schwerpunkt. Das Boot nimmt Fahrt auf, wackelt bedenklich mit den bootsunerfahrenen Passagieren, von denen einige zu hoch sitzen. Leichte Windwellen kräuseln auf, verstärken sich. Eine andere Pirogue liefert unserer ein kleines Wettrennen. Ich habe Mühe, meine Erfahrung aus dem Rudern schmaler Rennboote zum Balancieren und Ausgleichen wirksam einzusetzen. Ein Skiff läßt sich mit den Skulls leichter balancieren als diese Pirogue ohne Ausleger... Der Regen plattert los. Fotoapparate werden notdürftig unter Regenhäuten geborgen. Gegen einen echten Tropenregen ist kein Kraut gewachsen. Wider platschenden Regen, bei zuckenden Blitzen und spritzender Gischt eilen wir knatternd und bedrohlich schaukelnd zur breiten Teilung beider Ogowe-Arme. Blitze schlagen gern ins Wasser und in Metallmotoren ein! Den Leichtsinn hätte ich nicht gewagt. Doch der Pfarrer ist in Gotteshand und vertraut ganz unbeirrt auf sie. Offenbar zu Recht, wie schließlich der Erfolg erweist. Auch gläubiger Leichtsinn bleibt freilich Leichtsinn. Zwar stranden wir kurz vor der Spitalanlegestelle noch auf einer Sandbank, müssen uns mit dem Paddel wieder flottstechen. »Lege das Paddel erst aus der Hand, wenn das Boot an Land ist«, sagt ein gabunesisches Sprichwort. Das gilt hier selbst für motorbetriebene Einbäume – jedenfalls unter bestimmten Umständen! Doch wir landen unversehrt an der Pädiatrie des Spitals. Wie begossene Pudel patschen wir in die Unterkünfte. (Beim Betreten fällt mir noch der Fotoapparat aus der Tasche. Murphys Gesetz wurde durch Pfarrer Freys Gottvertrauen nur teilweise falsifiziert.)

Unterwegs auf der Avenue oder Rue Schweitzer hatte der Pfarrer noch eine Anekdote kolportiert über Schweitzers Fürsorglichkeit gegenüber Pflanzen. Als ein Mangobaum vor seinem Haus einen großen Ast in einem Gewittersturm wie dem eben erlebten verlor, füllte Schweitzer – wie bei alten Bäumen in Europa üblich – das Loch bzw. die Bruchstelle mit Zement aus, um die Fäulnis zu verhindern. Kommentar eines angestellten Schwarzen: »Sogar die Pflanzen operiert er!« (Der langjährige Chefarzt Dr. Munz pflegte diese Anekdote zu erzählen.)
»Wir sind doch Pioniere!« – hatte Albert Schweitzer einem schwarzen Mitarbeiter gesagt, der eine weiße Frau geehelicht hatte, deren Familie noch heute hier wohnt. Stolz hatte der dies unserem Pfarrer erzählt – und dieser gab es uns schmunzelnd weiter.

10. Oktober

Und wenn der Hahn unendlich oft gekräht hat? Des morgens in aller Frühe – in tiefer Dunkelheit noch spielen die vielen Hähne hier ein Kräh-und-Antwort-Spiel. Tagsüber wird es fortgesetzt. Dazwischen wieder das tiefe urwaldartige »Huuh-hup-hup-hup-(hup)«, dessen Erzeuger mir noch nicht genannt werden konnte. Er klingt allerdings beruhigend, dieser melodisch-rhythmisch langgezogene Sehnsuchtsruf. Unterbrochen wird er von einem Ziepen, das genau wie ein Reisewecker tönt und manchen unserer Reisegenossen schon fälschlich mitten in der Nacht an das noch unnötige Aufstehen mahnte... Es gibt viele geheimnisverheißende Geräusche hier – jedoch kaum das sonstige südliche Zikadenkonzert.

Morgens nieselt es sanften, warmen Regen. Als ich mich kurz nach sechs Uhr zum Morgenlauf aufraffe, hört der Sprühregen auf. Links an der zum Hôpital Albert Schweitzer führenden Abzweigung von der Hauptpiste nach Norden, der wir auch auf unserer Schlaglöchertour mit dem Buschtaxi nach Libreville folgen wollen, laufe ich die wenigen Kilometer zum Ort Lambarene, überquere die Brücke über den Ogowearm, sehe rechts Andende, die alte Missions-

kirche, oberhalb derer Schweitzer seit 1913 zuerst praktizierte. Viele, durchwegs gut, meist weißbebluste Schwarze, gehen zum Arbeitsanfang. Auf dem Rückweg laufe ich im Dorf Adouma rechts am Ogowe den Saumpfad, den wir am ersten Tag gewandert sind – unterhalb des Lepradorfs und der einstigen Orangen- und Ölpalmenfarm Schweitzers, die im untersten Teil jetzt von Papyrosstauden überwuchert ist, zurück zum Anlegeplatz an der »Grande Pharmacie«.
In Adouma hat jemand seiner Holzhütte den Villennamen einer wirklich internationalen Zelebrität gegeben. Man liest über der Tür in großen Blockbuchstaben »Karl Heinz RUMMENIGGE«. Oder sollte sich der Kickerstar selbst eine einfache Holzresidenz am Albert-Schweitzer-Spital erbaut haben? Wie andere deutsche Arbeiter sich ihre Villen im Tessin zulegten, die ihnen bekanntlich – laut Staeck-Brief und -Plakat – die SPD angeblich wieder wegnehmen wollte? Das alles trifft sicherlich nicht auf diese Villa RUMMENIGGE zu. Jedenfalls geht doch nichts über echten Weltruhm – und den holt man sich nur in gewissen Sportarten. Eine Albert-Schweitzer-Holzhütte fanden wir in Adouma nicht.

Grau in Grau und Regen kehren wieder. Nur zeitweilig sticht die Sonne durch. Sie nähert sich dem Zenith, brennt. Gestern hatte eine rötlich-blonde Jungreisende, die am Tag zuvor keinen Sonnenhut getragen hatte, ein Dauererbrechen und einen leichten Sonnenstich, obwohl sich immer wieder Wolken vor das Zenithgestirn geschoben hatten. Die wirkungskräftigen ultravioletten Strahlen dringen dennoch durch.

Die Sonne sticht unbeirrt, bewölkt wie unbewölkt. Vielleicht erweist sie eine ähnliche Wirkkraft auch für die Sonnenkollektoren der sonnenenergiebetriebenen Versuchslampe vor dem Verwaltungsgebäude, die als Stiftung aufgestellt und eventuell vom Deutschen Hilfsverein des Albert-Schweitzer-Spitals serienmäßig eingeführt werden soll, um die Dorfpfade in den düsteren Tropennächten kostenfrei zu erhellen. (Leider wird die Versuchsleuchte noch im Gewitter schwach ... Eine deutsche Großfirma forscht bisher noch ohne Ergebnis, warum. Jean-Georges Grinewald, ein Elsässer, Elektriker am Spital, fand derweil die Erklärung: Nach fünf Sekunden Helligkeit schaltet die Lampe sich aus, weil sie »Tageslicht« vermeldet bekommt; Tropenblitze aber dauern, wie er geduldig mit der Stoppuhr abmaß, manchmal gut sieben Sekunden oder mehr, was man in der Elektrofirma in Europa nicht ahnte. So löste sich ein mysteriöses Forschungsparadoxon ganz einfach auf.)

Stiftungen von Nationalkomitees, Schweitzer-Vereinigungen, aber auch von Staaten finden sich recht viele hier. Schweiz, Holland, Schweden treten verhältnismäßig häufig auf den Stiftungs-Plakaten der Gebäude in Erscheinung, die uns der unermüdliche Pfarrer mit geradezu plakettensüchtigem Nachdruck immer wieder zeigte. Die USA haben sich laut Plakette am Bau der Chirurgie I beteiligt: Sie stifteten sage und schreibe 5 000 Dollar (!) – und mußten es verbucht sehen. Ich habe nicht gefragt, ob der amerikanische Botschafter in Gabun eigens für etwa eben diese Summe einflog und logierte, um bei der Eröffnungsfeier eine große repräsentative Übergaberede zu halten... (Ähnlich war es in Soweto, das ich zu Anfang des Jahres besuchte: Ein riesiges Schild »IBM LIBRARY« kündete dort vom Stifter eines Gebäudes, während die Deutschen ein ganzes Lehrerbildungszentrum samt Stellen und Unterhalt beigesteuert hatten, aber mit einer versteckten Miniplakette darauf aufmerksam machten.) Der Deutsche Hilfsverein stellt mit ein bis 1,2 Millionen DM jährlich vor dem Schweizerischen den Löwenanteil – etwa ein Drittel – der Spendengelder für das Spital bereit. (Andere Hilfsvereine spielen eher rhetorisch eine größere Rolle.) Doch kein Stiftungsbericht, keine Plakette berichtet davon. Feines, pseudo»englisches« Understatement? Oder gehört das Klappern bei uns (noch) nicht so unerläßlich zur humanitären Geschäftigkeit? Die Kinderkrippe, »Crêche des enfants«, freilich zeugt mit Plakette von deutschem Stiftertum – ebenso die moderne Reparaturwerkstätte, die »Garage«, welche neu gebaut wurde, nachdem die alte von den Ogowefluten weggerissen worden war.

Das neue Hospital! Wir wandern von der Pädiatrie zur Zahnklinik, mit zwei deutschen Zahnärzten auf Zeit besetzt. Einer von beiden bearbeitet ein Forschungsprojekt. Ansonsten gibt es keine deutschen Ärzte hier: Sprachbarrieren des Französischen – oder ist unseren Jungärzten der Idealismus abhanden gekommen, bei geringer Entlohnung in der Urwaldisolation, in Schweitzers Kleinoase ohne zivilisatorische Ablenkungen und Kulturindustrie Dienst am leidenden Menschen zu tun? Wäre das nicht eine lohnende Aufgabe für zivildienstleistende junge Mediziner? Hauptsächlich finden sich Elsässer, Schweizer, Franzosen, Holländer bereit. Die interimistische Chefärztin derzeit ist aus Polen; ihr Gatte und Landsmann ist Chirurg; ein zweiter Chirurg kommt aus der Schweiz, der Psychiater aus Frankreich, ebenfalls der Chef des »PMI« (»Protection Maternelle et Infantile«). Die deutsche Leiterin der Ophthalmologie warf schnell das Handtuch, sie hatte wohl eine perfekte Station erwartet und war dem Dauerzwang zur Improvisation im Mangel oder der Isolierungserfahrung nicht gewachsen. Zu sehen gibt es für uns nicht viel in der Polyklinik: Wartende, ambulant zur Konsultation Gekommene oder auf Behandlung wartende Schwarze, meist Kinder mit ihren Angehörigen.

Die Notwendigkeit der Klinik zeigt sich auch statistisch. Fast vierzigtausend ambulante Behandlungen pro Jahr – genau 37308 im Jahre 1988 – werden durchgeführt, über dreitausend Patienten werden jährlich versorgt – im Vorjahr waren es 3292; 1364 Operationen (und 134 Augeneingriffe) führte das kleine Operationsteam durch, das besonders überlastet ist. Von Überflüssigkeit der Aufgabe und Funktion dieser Klinik also keine Spur, zumal das staatliche Krankenhaus auf der Insel in Lambarene selbst alle schwierigen Fälle hierher überweist und nicht selber operiert.
Der Bericht des Schweitzer-Spitals weist für das abgelaufene Jahr immer noch den Vorrang der klassischen Tropenkrankheit Malaria (»paludisme« = »Sumpffieber«) mit 60 Fällen aus. Doch Kreislaufkrankheiten und Tuberkulose haben gegenüber dem Vorjahr um mehr als je ein Dutzend Fälle auf fast die-

selbe Gesamtzahl zugenommen. Auch Lungen- und Bronchialentzündungen summieren sich auf 56 Vorkommnisse. Unter schwerer Tropenanämie litten 42 Patienten, unter Durchfallerkrankungen samt Parasitendarmkrankheiten 53 (darunter ein Dutzend gar an Amöben- oder Tropenruhr). Die Hakenwurm- oder Tunnelkrankheit rangierte mit zehn Vorkommnissen noch hinter den je 14 Fadenwürmerfällen und amöbialen Leberabszessen. Die berüchtigte Flußblindheit fand sich nur viermal, die ebenso bösartige Bilharziose dagegen sechsmal. – Dieser Bericht zeigt eindrucksvoll, wie 1988 eine kleine Mannschaft der Ärzte, Ärztinnen und Helfer(innen) unersetzliche Arbeit leistete, ständig unter Überlastungsdruck, mit z. T. unzureichenden Mitteln ausgestattet. Allein 53 510 Laboruntersuchungen wurden im Berichtsjahr ausgeführt; dabei ist kein funktionierendes Photometer vorhanden. Das Ultraschallgerät ist veraltet, und auch eine neue Röntgenanlage wird dringend benötigt.

»Dieses Land frißt seine Menschen«, hatte ein alter Häuptling einst zum Oganga Schweitzer gesagt. Sollte das auch heute noch gelten? Oder dank des Doktors Initiative lokal nicht mehr in dieser Härte? Das Spital – eine kleine symbolträchtige Lichtung im Dschungel des Gefressenwerdens?

Schilder im Klinikgebäude zeugen lakonisch von üblichen Abteilungen »Bakteriologie«, »Ophthalmologie«, »Radiologie« – und dem Operationstrakt. Luftige Bauten, die wir zufrieden nickend verlassen, um die Bibliothek zu besichtigen. Es handelt sich um die

Freizeit- und Allgemeinbildungsbibliothek für Angestellte des Spitals. Schweitzers Werke sind – unvollständig – vorhanden. Neben Romanen gibt es Abteilungen »Geographie, Biographien« und – wie sinnig! – »sinnvolle Taschenbücher«!
Ansonsten: Bongo über allem, über alles!? Der »Demokraturherrscher« der Gabunesen thront mit offiziellem Konterfei in jedem Institutsgebäude – selbst in der bereits aufgegebenen Grande Pharmacie. Auf alten Prachtporträts trägt er noch seinen ehemaligen französischen Vornamen, auf den neuen heißt er Hadschi Omar Bongo. Sein Schnauzer erinnert fast an jenen Schweitzers. In der Chirurgie I steht eine große Schweitzer-Büste, von einem Elsässer Künstler modelliert. Die Haarwildnis wirkt zu glatt am Haupte angelegt, zu kurz, der Schnauzer freilich dominiert – auch aus Gründen der bildhauerischen Kunstbeschränkung an den Spitzen reduziert oder an die Wangen angeformt wie ein nicht weit vorspringendes Relief. »Haben Sie doch gleich das Schweitzer-Monument entdeckt,« meinte der Pfarrer: »Es ist gut, doch ähnelt es dem Albert nicht allzu sehr. Es sieht aus wie Stalin!« Schnauzer haben ihre vertrackten Assoziationen …

Wir gehen noch bis zur »Maternité«, zur »Geburtenanstalt«, wie unser Pfarrer liebenswürdig sagt. Die Hebamme erzählt uns auf Anfrage, daß man auch hier die Babies gewöhnlich liegend – selten sitzend – gebiert, daß man stolz auf alle Kinder sei (der Pfarrer: »Stolz ist die Mutter darüber, daß die Maschine funktioniert«[!?]). Eine Ärztin aus unserer Gruppe: »Die Väter sind hier doch sicherlich bei der Geburt anwesend?« Die Hebamme: »Wie sollten sie? Niemand kennt doch die Väter!« Pater semper incertus – das hatte die progressive Ärztin nicht bedacht. Andere Länder... (Antikonzeption ist verboten und verpönt in Gabun, das eine zu geringe Geburtenrate aufweist; »fast wie die Bundesrepublik«, hatte uns der neue deutsche Botschafter mitgeteilt, doch von 400 000 im Jahre 1976 hat die Bevölkerung auf heute etwa eine Million Einwohner zugenommen – auf einer Fläche, die derjenigen der Bundesrepublik entspricht.) Auch Zwillinge, führt die Hebamme aus, seien heute willkommen – keine Rede mehr vom »bösen Geist« und vom »guten Geist«, die sich in Zwillingen trennen würden, wie die Stammestraditionen vermeinten. Früher tötete man deshalb einen der Zwillinge – nicht wie die Buschmänner aus Gründen des Nahrungsmangels. (Bei verschiedenem Geschlecht töteten die Buschleute den männlichen Sproß, der weibliche war wichtiger für das Überleben des Clans.) Doch immerhin gibt es noch bestimmte Abwehr- und Besänftigungs- oder Beschwörungsriten: Pfarrer Frey berichtete von einer Bestattung, bei der die Angehörigen des verstorbenen Großvaters dessen Hand aus dem Sarg herauszogen, öffneten, mit Salz bestreuten: Die Enkeltochter und ihre Zwillingskinder (die letzteren verbundenen Auges) mußten ihren Kopf in Hand und Salz drücken, um den Fluch und Bann zu brechen, der angeblich einfach dadurch entstanden war, *daß* die Tochter Zwillingen das Leben geschenkt hatte – übrigens schon etwa drei, vier Jahre zuvor.

Überhaupt die Riten zur Beschwörung der Geister! Der Pfarrer und der Zahnarzthelfer bestätigten uns, daß vor politischen Wahlen und wichtigen Schul- oder Ausbildungsexamina gelegentlich noch Ritualmorde und Kannibalismus vorkämen, über die auch in Medien berichtet wird: Manch ein Kandidat erhofft sich die Übertragung neuer schöpferischer Kraft und größeren Glücks dadurch, daß er eine weibliche Brust, Schamlippen oder Vaginateile verspeist! Da lobt man sich geradezu das Doping der antiken griechischen Schwerathleten, die – durchaus funktional, wie man heute, im Zeitalter des Steroid- und Testosterondopings, weiß – Stierhoden aßen!

Nach dem Rundgang nehmen wir ein Erfrischungsgetränk auf der Veranda des höchstgelegenen Hauses, eines geräumigen Blockhauses, das der neue Schweizer Verwaltungsdirektor Senn nebst Gemahlin bewohnt. »Sennhütte« wird das Gebäude höchst sinnhaft-sennartig genannt. Der Blick schweift weit über den zum See geweiteten Ogowe oberhalb von Lambarene und der vorgelagerten »Flußpferdinsel«. Der Regen hat die Luft glasklar werden lassen. Die Sonne strahlt auf ein scheinbar friedliches Urwaldwasserparadies hernieder. Ein Ibis fliegt am Gegenufer, unterhalb hochragender hellrindiger Einzelbäume, die sich aus dem allseitig wuchernden Dschungelgrün vor dem bläulich verschwimmenden Höhenrücken im Hintergrund abheben.

Abends. Ich lese die philosophischen Teile, die Kapitel über die Berufung, über den Großen Medizinmann, den »Oganga«, und über die letzten Tage Schweitzers in Lambarene aus Steffahns Schweitzer-Biographie. Bin wieder einmal beeindruckt von der

Zielstrebigkeit, Kompromißlosigkeit, Geradlinigkeit und dem philosophischen Ernst, von der Eigenständigkeit, Entschiedenheit, Einsatzbereitschaft, Selbsttreue, Durchhaltefähigkeit, ethischen Autorität Schweitzers, aber auch von seiner Selbstdeutung der gewählten Rolle, der strikt befolgten Selbstwidmung und Selbstdisziplinierung bei völligem Mangel an eitler Selbsterhöhung und Selbststilisierung, obwohl er sich der symbolhaften, fortwirkenden Bedeutung seiner Tätigkeit durchaus bewußt sein mußte. Und nicht zuletzt ist sein treffend-ironischer Humor zu nennen, der augenzwinkernd, enthüllend, aber nie zynisch oder verletzend wirkt.

Über die Ethik Schweitzers müßte ich längere Überlegungen als hier möglich anstellen, zumal er sich doch zutiefst als jemanden verstand, der *»ein Suchender in Philosophie geworden war und dies als Hauptberuf ansah«* (jedenfalls in später brieflicher Rückschau auf seine Straßburger Zeit), also als Philosophierender ernstgenommen werden wollte. Gerade hier aber vermochte er den endgültigen, rundum überzeugenden Durchbruch und Erfolg nicht zu erzwingen, so häufig er dies in seinen wieder und wieder angesetzten, angestrengten Anläufen des Ethik-Nachlasses (der unveröffentlichten *Kulturphilosophie III*) auch versuchte. Das Zusammenzwingen von einem allzu absolut verstandenen Rationalismus, der in der überzogenen Hoffnung gipfelte, alle Ethik aus einem im Denken absolut begründeten obersten Prinzip ableiten zu können, und von dem normativen und erlebensgegründeten Appell der »Ehrfurcht vor dem Leben« in allen Formen und auf allen Stufen mit der immer wieder Entscheidungen (auch über Leben und Tod sowie Wertrangfolgen) erfordernden praktischen Verantwortungsmoral, das war ein aus systematischen und methodologischen Gründen zum Scheitern verurteiltes, titanisches Unternehmen (vgl. Lenk/Günzler im Schweitzer-Jahrbuch Bd. I, i. Dr.). Nicht nur glich es »heroischem Anachronismus« (Steffahn), dem Versagen der Philosophie im 19. Jahrhundert die Alleinschuld an der Kultur- und Weltkrise im 20. Jahrhundert zu geben und in der beschworenen Revitalisierung der Vernunft und des elementaren philosophischen Denkens über das Verhältnis des Menschen zum »unendlichen Sein« das Heilmittel zu suchen, sondern Schweitzer hielt an einem utopisch-überstiegenen Konzept des aufklärerischen Deduktionsrationalismus allzu starrsinnig fest, als daß er die Widersprüche und grandiosen Risse, die sich in seinem so plausibel eingängigen Grundansatz einer umfassenden Lebensethik auftaten, systematisch-vernünftig, also durch rationale Argumentation, durch Aufklärung (die er so liebte) hätte überbrücken oder gar flicken können. Das Kernmotto der »Ehrfurcht vor dem Leben« hat als plakatives, unmittelbar Aufmerksamkeit und Zustimmung erzwingendes Konzept Geschichte gemacht, während die umfassende systematische widerspruchsfreie Ausarbeitung der Grundintuition nicht gelang: Doch der Grundappell trifft ins Herz: *»Keiner mache sich die Last seiner Verantwortung leicht.«* Der Widersacher ist die Gedankenlosigkeit, die Verantwortungslosigkeit, Gewissenlosigkeit, Leben unnötig zu töten, zu quälen, zu behindern, zu schädigen. »Das gute Gewissen ist eine Erfindung des Teufels«, erkannte der Ehrfurchtsethiker in *Kultur* *und Ethik*. Schweitzers Ethik ist in der Tat »begrifflich anfechtbar«, analytisch zu kritisieren, »aber sie ist wirklich«, so Steffahn über »Schweitzers Wahrheit«: »Die Erweiterung des ethischen Denkens geht zu Lasten sauberer Kategorien.« Doch wie sagte Albert Schweitzers langjähriger Piroguenführer, O'Biange, am Todestag des Oganga: »Der große Doktor war das Licht im Wald.« Das Licht – uns scheint es heute noch.

Ein afrikanisches Sprichwort sagt: »Worte sind schön, doch Hühner legen Eier!« Analysen sind schön, doch angesichts eigenengagierter praktischer Handlung und persönlicher Hingabe erscheinen sie unverbindlich, oft gar fast unseriös. Reden sind schön, Handlungen erst ernst. Ernstes Denken, Untersuchen und Miteinandersprechen können allerdings auch lebendiges Handeln bedeuten. Reine Philosophie – ohne Rückbesinnung auf das handelnde Leben, selbst reine sogenannte »praktische Philosophie«, also Ethik, bliebe philisterhaft, schwebte sie nur »erhaben« oder gar selbsterhoben über allem Pragmatisch-Praktischen des Handelns. Nicht am Anfang war die Tat, am *Ende* bleiben die Taten. (Am Anfang stehen Interpretationen, Wort und Wille, Leben, das schaffen, dauern, sich entwickeln will.) Und echte Worte zwischen Menschen sind allzumal auch Taten. So münden Johannisevangelium, Goethes faustisches Urwort und Schweitzers Handlungsethik vielleicht am Ende doch in das gemeinsame Meer der Menschlichkeit..

»Un, deux, trois ...« – »Je forme un ensemble des trois pots« – »Je forme un ensemble ...« Besuch in der Grundschule des Schulzentrums am Schweitzer-Spital. Über sechzig Schüler aus zwei Klassen sind in einem Klassenraum beisammen – lebendige, kleine, dunkle Wesen, deren neugierige Augen uns anstrahlen. Sie malen das »a« auf die große Tafel und auf ihre Schiefertafeln. Stürmischer Drang, sich an der Tafel hervorzutun. Die Lehrerin ist selbst voll bei der Sache, lobt die Schreibversuche, animiert, kontrolliert, diszipliniert. Sie skandiert noch mit dem Stock: »Debout! Assis! Debout! Assis!« Trotz »preußischer« Zucht herrscht Fröhlichkeit vor. Mit Nachdruck meldet man sich, drängt den hocherhobenen Zeigefinger vor, schüttelt, zappelt, bis man erhört wird. Hat ein kleiner Alphabetisierungsbeflissener erfolgreich das »a« mit drei Ansätzen »un, deux, trois« an die Tafel gemalt, erschallt die Aufforderung »Applaudissez! Applaudissez!« Großer Beifallstrubel, der mit dem Stockschlag schlagartig im wahren Sinne des Wortes endet. Die Lehrerin in weißem, schwarzgesprenkeltem Kleid mit schwarzen Pumps läßt die Kinder eine Szene spielen, bei der ein Junge eine Mutter spielen muß. Großes Gelächter bei allen, Verlegenheit beim Betroffenen, doch er spielt zaghaft mit. Begeisterung bricht aus, als bunte Kugelschreiber und kleine Zeichenblocks verteilt werden. Einen Sack Sandflöhe zu hüten, scheint einfacher. Kein zu neidender Job, die Springflöhe zu bändigen, doch die junge Lehrerin schafft es »spielend«, den Stock auf den Tisch schlagend und mit sichtlich lebendigem Engagement. Trotz autoritärer Bestimmtheit strahlt sie Begeisterung aus. Ist es nicht Geist von Schweitzers Geist?

11. Oktober

»Urwaldeinsamkeit, wie kann ich dir jemals danken für alles, was du mir warst«, schrieb Schweitzer in *Zwischen Wasser und Urwald*. Er meinte das wohl mit Blick auf die nur hier mögliche Konzentration des Denkens und Arbeitens: In Lambarene fehlen die notorischen Ablenkungen durch den in hochindustrialisierten Gesellschaften allgegenwärtigen Firlefanz. Oder wollte er so der Schönheit des Urwalds am Wasser huldigen? Eine Ode auf die Mittagstille, den Frieden, der freilich nur scheinbar herrscht?. Ein wenig von der afrikanischen Stunde des Pan konnten wir heute – leider nur im Eilverfahren an einem Tag – auf einer Motorbootexpedition nach Ngomo und zum See Evaro erleben. Ngomo liegt flußabwärts von Lambarene am Ogowe, eine alte, nun aufgegebene Mission – übrigens jene, zu der Schweitzer im September 1915 auf dem Wege war – von der Mündung des Ogowe flußaufwärts in einem Schleppkahn fahrend, als ihn nach mehreren Tagen im Boot beim bereits erwähnten Dorf Igendja jenes berühmte Visionserlebnis vom Zentralwort »Ehrfurcht vor dem Leben« überkam. Seine eigenen Worte sind unübertrefflich:

»Als ich – es war im September 1915 – mit meiner Frau ihrer Gesundheit wegen in Cap Lopez am Meere weilte, wurde ich zu Frau Pelot, einer kranken Missionsdame, nach N'Gômô, an die 200 Kilometer stromaufwärts, gerufen. Als einzige Fahrgelegenheit fand ich einen gerade im Abfahren begriffenen kleinen Dampfer, der einen überladenen Schleppkahn mit sich führte. Außer mir waren nur Schwarze, unter ihnen Emil Ogouma, mein Freund aus Lambarene, an Bord. Da ich mich in der Eile nicht hatte genügend verproviantieren können, ließen sie mich aus ihrem Kochtopf mitessen. Langsam krochen wir den Strom hinauf, uns mühsam zwischen den Sandbänken – es war trockene Jahreszeit – hindurchtastend. Geistesabwesend saß ich auf dem Deck des Schleppkahnes, um den elementaren und universellen Begriff des Ethischen ringend, den ich in keiner Philosophie gefunden hatte. Blatt um Blatt beschrieb ich mit unzusammenhängenden Sätzen, nur um auf das Problem konzentriert zu bleiben. Am Abend des dritten Tages, als wir bei Sonnenuntergang gerade durch eine Herde Nilpferde hindurchfuhren, stand urplötzlich, von mir nicht geahnt und nicht gesucht, das Wort Ehrfurcht vor dem Leben vor mir. Das eiserne Tor hatte nachgegeben; der Pfad im Dickicht war sichtbar geworden. Nun war ich zu der Idee vorgedrungen, in der Welt- und Lebensbejahung und Ethik miteinander enthalten sind! Nun

> wußte ich, daß die Weltanschauung ethischer Welt- und Lebensbejahung samt ihren Kulturidealen im Denken begründet ist.«

Ein wenig Ahnung davon wurde auch uns geschenkt, als wir zwischen einer prustenden Flußpferdherde im Verbindungsarm zwischen Ngomo und dem Evarosee warteten – freilich mit störend laufendem Motor. Alle Minute hob sich eines der mächtigen Klotzhäupter ohrenspitzend, schnaufend, prustend aus der grünlich-bräunlichen Flut. Es müssen etwa ein Dutzend »Hippos« gewesen sein, die an dieser Stelle ihren Stammplatz haben. Ein einnehmender Platz fürwahr! Weiße Ibisse stehen am Flußrand, den schlanken Hals aufmerksam äugend gereckt, oder sie versuchen Fische aufzuspießen. Kommen wir zu nah, lassen sie sich – falls sie auf einem Strunk oder Ast stehen – vorwärtskippen zum gemächlich-majestätischen Flug, indem sie die Beine lang nach hinten wegstrecken zum Balancieren, zum Steuern und ihren Hals zur S-förmigen Vorbuchtung der Brust einlegen, so daß sie im Fluge aussehen, als hätten sie einen Brustpanzer oder großen Kropf. Gegen das dunkle Grün der Dschungelwand wie des Wassers sticht das blendende Weiß in weithin leuchtender Klarheit ab, als ein unübersehbarer Orientierungspunkt für die Wahrnehmung. Man fragt sich, warum die Natur ihnen ein so auffälliges Kleid – ohne jede Tarnchance – verlieh. Sind sie nicht von dieser Welt? Haben die antiken Ägypter ihnen deswegen einen göttlichen Status verliehen? Dagegen fallen die dunklen, reiherartig anmutenden Calloa-Vögel und die silbergrauen Fischadler viel weniger ins Auge – selbst die kleinen schwarzweißscheckigen Martin-pêcheurs, die dicht über das Wasser gleiten, als sei ihnen ein Cruise-Missile-Sensor eingebaut.

Als wir zum Evaro kommen, einem weiten, buchtenreichen See mit runden Inselchen, fühlte man sich an die Schleswig-Holsteinische Seenplatte erinnert, wenn nicht gelegentlich einzelne Palmen oder mächtig ausladende Araukarien unverkennbar tropisch herausragten. Fische springen scheinbar spielerisch schwärmend aus dem Wasser: Jagt ein Unterwasserjäger die Sansnoms, die »Fische ohne Namen«, wie sie heißen, seit sie eingeführt und ausgesetzt worden waren und sich fast unbeschränkt vermehrten? Ihr Fleisch ist nicht sehr schmackhaft, grätenreich und etwas »glitschig«. Doch sind sie – wie andere Sorten – besonders in der Trockenzeit leicht zu fangen. Die Einwohner der kleinen, am Fluß und See verstreuten Weiler ernähren sich hauptsächlich vom Fischfang. Sie trocknen oder räuchern Fische auf Vorrat und zum Verkauf – und auch Krokodilfleisch. Wir legen bei einer Räucherkate gabunesischer Art an. In der Mittagshitze brennt neben dem Wellblechverschlag auf Holzpfosten, also bei der Behausung, ein längliches Holzfeuer – ebenfalls unter Wellblech, auf dem Fische und Krokodilfleischstücke zischend bräunen.

Wir sehen einen Waran aus dem Baumwurzelgeäst verschwinden, Affen in der großen Höhe mächtiger Urwaldriesen von Ast zu Liane springen und schwingen.

Oft aber – besonders am hohes Wasser führenden

Fluß – steht die grüne Wand dicht und undurchdringlich feindlich gegen den Fluß. Schmarotzergrün, Riesenfarne, Lianen und mistelartige Korbgewächse sowie manche weißen und roten Blüten von Tulpenbäumen wuchern die Stämme zu, verpacken sie in einer grünen gesprenkelten Gummiwand. Nur einzelne Riesen ragen darüber hinaus – mit teils krakeligen, abgestorbenen Kronen, teils weit ausladenden typisch afrikanisch flachen oder nach oben halbgerundeten Dächern. Mehrmals passieren wir grün überwucherte Lichtungen, wo am Fluß vor nicht langer Zeit die Holzindustrie Stämme geschlagen und fortgeflößt hatte. Auf der seeartigen Erweiterung begegnet uns ein Schlepper mit nachgezogenem Holzfloß – gen Port Gentil tuckernd.

Friedlich der Fluß, scheinparadiesisch ruhig der See unter gleißender Sonne, die sich in Haut und Gemüt brennt. Nur der Fahrtwind erfrischt. Steht das Boot, fällt schwer die Schwüle auf uns nieder. Bei flotter Fahrt aber ist die künstliche Brise wohltuend. Der Friede freilich täuscht... Das Gesetz des Dschungels herrscht neben und unter dem Wasser: Fressen und Gefressenwerden. Interessant, daß gerade in solcher Umgebung Schweitzers Vision über die Lebensehrfurcht aufstieg. Täuschte er sich über den von ihm berichteten sonnigen Abendfrieden? Viel eher hätte die Gespaltenheit, der Zwiespalt in der Natur nahegelegen – der Umstand, daß Leben, um leben zu können, anderes Leben töten und »fressen« muß, die Einsicht, daß Ethik nie aus der Naturerkenntnis hergeleitet werden kann, etwas ganz »Unnatürliches« ist (wenn man von gewissen neueren Begründungen eines innerartlichen oder am eigenen Genpool orientierten »Altruismus« biologischer Provenienz absieht, wie ihn die Ethologen, von »moralanalogen Hemmungen« sprechend, und die Soziobiologen begründen und analysieren). Eine gewisse natürliche Teilgrundlage der Moral scheint es zu geben, aber sie reicht zweifellos nicht aus, eine volle normative Ethik zu begründen. Aus beschreibender Erkenntnis kann man keine wertenden, keine normativ-ethischen Sätze gewinnen, wie David Hume schon erkannte. Auch die neuere analytische Philosophie räumte solche Herleitungsversuche mit der Verbannung des »naturalistischen Fehlschlusses«, des Schlusses vom Sein auf das Sollen, aus. Schweitzer sah die inhaltliche Unmöglichkeit eher intuitiv ein, beging aber wohl danach selbst versteckt eine Art naturalistischen Fehlschlusses, indem er aus einem obersten Prinzip (»Ich bin Leben, das leben will, inmitten von Leben, das leben will«) die normative Ethik und ihre generellen Forderungen *ableiten* wollte. Ein Erbe des deduktivistischen Rationalismus, dessen Möglichkeiten und Methodologie er – wie oben erwähnt – überzog, gerade auch in der Ethikbegründung. Aus einem obersten Erkenntnisprinzip kognitiv-theoretischer Art läßt sich durch rationales Denken allein keine normative Ethik herleiten. Man zaubert keinen normativen Hasen ohne Fälschertrick aus dem theoretischen Hut. (Und man kann den eigenen Tricks auch selbst unbewußt erliegen ...) Schweitzer sah dies instinktiv entgegen seiner traditionell-methodologischen Orientierung ein – und landete demgemäß bei einer unkonventionellen »Mystik«, wie er etwas unglücklich formulierte: einer Erlebnis- und Identifikationsethik, aus Schopenhauerschem Denken des »Willens zum Leben und der Selbstentzweiung der Natur« sowie der Mitleidsethik gespeist und als tätige Verantwortungsethik in optimistisch-ethischer Einbettung zu einem eigenen pragmatischen Ansatz kombiniert. Allein, die letztrechtfertigungsrationalistischen Eierschalen (des Festhaltens am letzten, obersten Prinzip und Axiom, aus dem sich die ganze Disziplin sollte herleiten können) hielt er wider besseres intuitives Ahnen unverrückbar fest. So mußte er – eigentlich ungeplant – nach dem Gedankendurchgang bei Zugeständnissen an eher irrationale »mystische« Identifikationen landen. Eine intellektuelle Tragik als Grund dafür, daß seine Ethik ein Torso blieb?

Libreville, am 12. Oktober

Thalatta, thalatta! Das Meer, das Meer!
Wieder am Ozean! Ich bin gesprungen, wurde gehoben, geworfen in der Meeresbrandung, die hier sanft an den Sandstrand schlägt. Ich laufe am schaumigen Wellensaum entlang. Verschwitzt, geduscht – erfrischt. Morgens lief ich noch auf einer Dschungelpiste, die im Nirgendwo endete. Wie muß es Stanley, Livingstone, Nachtigall und anderen großen Afrikareisenden zu Mute gewesen sein, wenn sie nach monate-, ja, jahrelangem auszehrenden Kampf mit dem Dschungel – ohne Malariatabletten und ohne viele Hilfen der neueren Zivilisation – wieder ans Meer kamen, an das reine, klare – nach der brütenden, feindlichen Urwaldwelt, in der vieles fliegende, kriechende und kriegende, jagende Getier tödliche Gefahren setzt. Noch heute ist der Urwald unheimlich, gefährlich für den Fremdling. Selbst im Schweitzer-Spital wurde gestern eine Schlange erschlagen, und die Malariamücken »vom Stamme Anopheles« sowie andere beißende, zwickende, saugende, infizierende Tierchen sind überall. Welch ein Entschluß auch für die Ärzte – wie viel stärker noch für Schweitzer –, hier für Jahre in den Dschungel zu gehen, um den Ärmsten unter den Armen, den physisch Leidenden

unter den Notleidenden Hilfe oder effektive Linderung zu bringen: Heroen des Dienens an andern! Auch heute noch erfordert es viel Selbstaufopferung, als Arzt oder Krankenhelfer nach Lambarene zu gehen. Und dringend nötig ist der Dienst, sind die Aufgaben immer noch. Auch wenn Gabun ein OPEC-Land ist, das dritthöchste Pro-Kopf-Einkommen in Afrika pauschal aufweist, gibt es doch auch hier im Landesinneren überall das übliche Leid, die unbeschreibliche Armut und den Kampf mit der unerbittlichen Urwaldnatur wie in jedem afrikanischen Staate. (Wohlleben und Geld konzentrieren sich an der Küste um Libreville.) Der Kampf mit der Not ist nicht so massenhaft und endemisch ein Anrennen gegen den Hungertod wie in Sahelzonenländern, Dürreregionen oder Bürgerkriegsstaaten. Doch viel Leiden und Armut, viel Hilfsbedürftigkeit sieht man auch hier, wenngleich viele Leute bewunderswert fröhlich oder wenigstens guter Dinge zu sein scheinen – ein Umstand, der mir übrigens schon in Indien in die Augen sprang... Elend, Not ist überall in der Dritten Welt. Wir Gutweggekommenen, verwöhnten Privilegierten sollten unsere Verantwortung erkennen und die moralischen Herausforderungen annehmen: Lambarene ist überall, Lambarene sei überall!

Das »Buschtaxi« kam verspätet (das erste war um zwei Stunden verfrüht dagewesen und erschien nicht wieder). Doch der Bus war schon mehr als halb besetzt: Familien mit Kind und Kegel, und vor allem: Taschen, ließen nur Randsitze und eine Bank leer. Auf unseren von Pfarrer Frey übersetzten Protest hin – wir hatten ein Taxi für acht Leute bestellt! – wurde versprochen, nochmals nach Lambarene zurückzufahren und die Familien in andere Busse umzuladen. Wir erklärten uns bereit, etwas mehr zu zahlen... In Lambarene das wohl übliche: Zusagen hin, Zusagen her. Reisewillige stürmten den Bus – und die Fahrer wollen verdienen. Einer sprang schließlich noch aufs Dach – fuhr dort bis Libreville (ca. 250 km) auf der Schlagloch-Buschpiste, die vom Regen aufgeweicht, schwer passierbar sein sollte. Ein anderer klemmte sich noch durchs hintere Fenster. Im Toyota-Kleinbus fuhren schließlich 24 Leute und einer auf dem Dach!

Loch an Loch: Schlaglöcher schlagen, rütteln, rumpeln die überladene Kutsche kräftig durch. Der rote Sand wird bei Feuchtigkeit zur roten Schmierseife – besonders im kritischen, mittleren Teil der Strecke, wo Lastwagen mit Holzladungen in den Graben gerutscht sind, viele Autoruinen den Weg säumen, ausgeschlachtete Rostreste – die von der Vergänglichkeit zeugen wie Kamelskelette in der Sahara. Nissan, Toyota, Daihatsu, Mitsubishi, Suzuki, Mazda – nur japanische Allradantriebshochleistungswagen sehen wir, kurz vor Libreville erst einen Renault. Gute Federung muß solch ein Wagen mit der Überlast (das Reisegepäck ist auf dem Dach verzurrt) – aufweisen. Als wir am (angeblichen) Äquatorübertritt halten, kriechen drei Schwarze prüfend unter die Wagenachsen. Doch ein Hoch auf Toyota (deren Wagenerstellung in der automatischen Motorenbauhalle und in der Endfertigung ich gerade vor zwei Wochen bei einer Werksbesichtigung in Toyota verfolgen konnte) und auf den Fahrer, den reaktionsschnellen Slalomkünstler, der auf dem Seifenschaum immer wieder die richtige Bewegung fand, durch Gegensteuern den Wagen hielt, die Spur, den Ausweg traf, trotz der Engpässe von steckengebliebenen Lastzügen (glücklicherweise lagen sie nicht quer!) und haltenden oder festhängenden Personenwagen. Buschtaxifahrten sind ein Abenteuer – nicht der Wildnis, sondern der Haltbarkeit der Technik gegen Materialermüdung. Ständige Schocks, Schlamm, feuchte Hitze sind auszuhalten. Deutsche Wagen mit ihrer festen Federung und ihrem Zwei-Rad-Antrieb dürften keine Chancen haben gegenüber den eifrig-übersorgfältig gebauten japanischen Allradautos. Dr. Wolf, der deutsche Sekundarschulbeauftragte, den wir in Libreville wiedertrafen, erzählte von siebenstündigen Busfahrten in Ruanda, die er, auf einem Bein stehend, eingeklemmt, am Haltegriff hängend zu über-stehen hatte. Da waren wir mit dem 25er-Minibus ja noch glücklich zu schätzen, auch angesichts der uns schon so bedrängend erscheinenden Enge! Doch: Ende gut, alles gut: Nach Lauf am Strand und Bad im Meer. Eine Dame, die ein Scopolamin-Pflaster gegen die Reisekrankheit appliziert hatte (»kann zu leichten Verwirrungen führen …«) fragte, ob wir hier im Pazifik (!) schwämmen. So friedlich, »pacifique«, waren das Wasser und die Abendluft am afrikanischen Atlantik …

Über Urwald und Wüste, 13. Oktober

Der samtgrüne, dichte moosähnliche Teppich des Regenwaldes von Kamerun liegt 10670 Meter unter uns. Dünne graue Schlangen winden sich hindurch: lehmige Flüsse. Die weißen Hitzequellwolken lassen Löcher frei, werfen aber dunkle Schatten auf die grüne Naturhölle darunter, in der wir gestern noch mühsam mit dem roten Schlamm kämpften. »Ground Speed 886 km/h« oder »915 km/h«, so heißt es jetzt. Gestern waren es zeitweilig 15 km/h bis 30 km/h. Die Temperaturen wechselten die Vorzeichen: Außentemperatur −38°, das war gestern die schweißtreibende Temperatur auch, nur auf der Plusseite. Nun sind es gar −43°! So heiß im Plusbereich war es gestern nicht... Allmählich, vor Kano über dem nigerianischen Sudan, ist es trockener geworden, offenes Savannen- oder Sahelgelände, hügelig; in Täler sind Stauseen gezwängt: Der Bewuchs wird immer spärlicher, fahlbräunlicher. Man sieht förmlich die zunehmende Trockenheit. Die Wolken löste längst dünner, gasiger Dunst ab. Die Wüste kündigt sich an. »Die Wüste wächst, weh dem, der Wüsten birgt!« orakelte Friedrich Nietzsche. Der feuchtschwüle, in Arten und Biomasse hypertrophierende Dschungel liegt endgültig hinter uns, die gnadenlose

Klarheit der Wüste breitet sich schon unter uns aus, als wir von Nigeria die Grenze zum Niger kreuzen. Ist der Dschungel oder die Wüste grausiger, dem menschlichen Leben feindlicher? Beides unwirtliche Extreme, Gegensätze, wie sie drastischer kaum gedacht werden können.

Ob Albert Schweitzer jemals die Sahara überflog? Er haßte bekanntlich die Eile des Flugs, schiffte sich stets zwischen Bordeaux und Port Gentil ein und nutzte die Zeit zum Denken, zur psychischen und physischen Akklimatisierung, zum Schreiben, zum Korrespondieren. Er war drei Wochen unterwegs mit der »Afrique« (bevor sie im Zweiten Weltkrieg torpediert wurde). Er übte auf dem Schiffsklavier in der Offiziersmesse. Er brauchte rund zehn Tage von Port Gentil den Ogowe aufwärts bis Lambarene. Auch heute fährt die »Azingo« noch zwanzig Stunden – und zwei Tage vorher kommen die Familien schon zur Anlegestelle, um einen Platz auf dem Oldtimer-Dampfer zu ergattern, zu kampieren, zu kochen, zu kommunizieren mit Kind und Kegel. Afrikanisches Leben ist das – wie vor Jahrzehnten noch heute, während wir mit 907 Stundenkilometern »über Grund«, über die Wüste rasen. Anthrazitfelsen rahmen immer mehr gelbe Sandlöcher ein. Erratische Dunkelinseln weichen nach zweieinhalb Stunden Flugzeit, 2284 km nördlich von Libreville, schon kurz vor der algerischen Grenze – vor einer auch nur konventionellen, künstlichen Linie – dem alles überwehenden Sand. Gestern noch standen wir an der Strichfiktion des Nullbreitengrades in alles überwucherndem Regenwald – gerade vor 24 Stunden.

Die Wüste wächst – Nietzsches »Wüste« – der europäische Nihilismus, wie ihn auch Schweitzer befürchtete und fast so wortgewaltig beschrieb wie jener prophetische Autor der heroischsten Lebensphilosophie, der sein eigentlicher intellektueller Gegenspieler war, den er zuerst zu leichthin abtat, kritisierte, später aber doch als Widerpart mit einem weiterwuchernden Neobiologismus ernstnahm. Schweitzer wollte, mußte den nietzscheschen Sozialdarwinismus, einen offenen naturalistischen Fehlschluß demonstrativ überwinden, den Optimismus, die Lebensphilosophie und einen Teil des Heroismus beibehalten, aber ins Ethisch-Hingebungsvolle wenden. Der große Ethiker bleibt im Banne Schopenhauers und Nietzsches, möchte aber die Aufklärung retten – ein ethischer Eklektizismus, der ihn über nihilistische Wüsten und pluralistische Dschungel hinwegtragen sollte. Dennoch erlag auch er – wie schon kurz erläutert – einem versteckten, ihm unbewußten quasinaturalistischen Fehlschluß, der freilich nicht auf einem ethischen Naturalismus, sondern auf einem Kognitivismus basierte. Methodologisch konnte er weder Nietzsche und Schopenhauer noch den von ihm geliebten Aufklärungsrationalismus überwinden. Der Pragmatismus des elementaren Denkens allerdings führt weiter. Man wird es – nach dem Scheitern aller absolutistischen Letztrechtfertigungsrationalismen und obersten evidenten Axiome allen ethischen und metaphysischen Denkens, die sich längst als utopische Überforderungen erwiesen – nicht mehr wie früher üblich als flachen Eklektizismus verunglimpfen können. Überall, wo es um Praxiszuwendung des Denkens geht, ist Schweitzers Ansatz zukunftsträchtig: Wo es sich um rationalistisches Prinzipiendenken oder nur um die bloße Beschwörung einer etwas obskuren Erlebensmystik handelt, gerät sein Denken traditionalistisch-obsolet. Doch seine Lebens- und Tierethik, sein Umweltbewußtsein stempeln ihn zum höchst aktuell gewordenen Bioethiker und Umweltphilosophen avant la lettre. In der praktischen Ethik war er seiner Zeit um Jahrzehnte voraus. Manche Probleme konnte er in ihrer heute sich dramatisierenden Verschärfung noch nicht angemessen einschätzen – z. B. das Problem der Bevölkerungsexplosion. Wenn er 1919 in seinen ethischen Predigten alttestamentlich dem Menschengeschlecht die moralische Verpflichtung auferlegt, sich möglichst fruchtbar zu vermehren (»... daß dies die Wahrheit ist: daß möglichst viel Menschen leben auf der Welt; daß es einen Weltzweck gibt, der will, daß möglichst viele Menschen das Dasein erleben, und daß wir uns ihm beugen und jedes neue Menschendasein als etwas Wertvolles für die Welt ansehen, als etwas, das sein soll, und den andern Gedanken der Verminderung des Seins von Menschen in der Welt als Sünde empfinden« [*Was sollen wir tun?*, 1974, S. 55]), so kann dies nicht mehr als das letzte Wort einer lebenszugewandten Ehrfurchtsethik gelten. Insgesamt aber sind die geradezu prophetischen, praxis- und zukunftsrelevanten Ansätze seiner Ethik – besonders auch des unveröffentlichten Nachlasses – noch keineswegs genug gewürdigt worden-, zumal nicht unter Philosophen! Hat doch ein recht bekannter philosophischer Anthropologe materialwertethischer und phänomenologischer Provenienz dem derzeitigen Vorsitzenden des Deutschen Hilfsvereins für das Albert-Schweitzer-Spital Lambarene, dem Philosophen Claus Günzler, erklärt, als dieser ihm berichtete, er beschäftige sich ausgiebig mit Schweitzers Ethikschriften: »Der Urwalddoktor? Ach, hat der auch etwas geschrieben?« Ähnlich die leider allzu gängige Unkenntnis von Schweitzers geistigem Werk in der Philosophengemeinschaft. Snobismus, intellektuelle Überheblichkeit waren den Philosophen ja zu keiner Zeit fremd! Wie unendlich hoch steht der denkende und handelnde Urwalddoktor vom Ogowe über den selbststilisierten, sich selbst beweihräuchernden, Philosophantastereien zelebrierenden Möchte-gern-Geistesriesen des jeweiligen Marktes intellektueller Eitelkeiten und Eifersüchteleien! Ich will kein Mitläufer, Mitschreiber dieser mediokren »Sophistezierereien«, dieser Eintags- oder Einjahrszelebritäten mehr sein...

Man muß die Ehrfurchtsethik wohl analytisch aufbereiten, von den utopischen rationalistischen Selbstüberforderungen und dem versteckten naturalistischen Fehlschluß befreien, vom Mythos der Erlebensmystik entrümpeln, dem Wertrangfolgeproblem aufschließen, dann mag Schweitzers praxiszugewandte ethische Sicht durchaus eine »grüne«, lebenspendende, vitalisierende, Verantwortungen aktualisierende und differenzierende Oase in der Wüste des Nihilismus und Materialismus, im Dschungel der gegenwärtigen chaotisch wuchernden Pluralismen sein.

Die Wüste erzeugt klare Kontraste der Formen, Farben, Strukturen im Sand, in Stein, Wechselgesang zwischen Dünen und Gebirgen. Die Wüste wächst, dehnt sich, provoziert. Sie zwingt zu Grundentscheidungen der Existenz, des Überlebens. Grenzsituationen des Überdauerns in der Dürre, beim gnadenlosen Austrocknen in der Saharaluft. Ich kenne die Wüste des Südwestens Nordamerikas. Man nennt sie »Wüste«, doch ist sie keine echte, keine so lebensarme, pflanzenlose, menschenfeindliche wie diese Sandwelt ohne Ende. Sahara, Taklamakan, Atakama, Gobi – das sind die eigentlichen, die extremen Wüsteneien dieser Erde. Sie lenken nicht durch Formenvielfalt ab, doch zeigen sie Strukturen – prägende Strukturen. Eiswüsten und große Gletscherfelder setzen ähnliche Extreme. Wie sie zwingt die Sandwüste zum »Alles-oder-nichts«, zum Überleben oder Ausdörren. »Wer spricht von siegen? Überstehn ist alles!« Rilkes Wort – hier wird's Ereignis. Fata Morgana, Wüstenkoller, Wüstenrausch – wie Höhen- und wie Tiefenrausch – ihr lockender Sog bedeutet Untergang. Verführerisches Ende. Hier heißt es widerstehen. Zwang zur Besinnung aufs wirklich Existenzwichtige, auf Grundbedürfnisse und den Selbst- und Lebenswillen. Die Wüste profiliert, verstärkt die endlosen Extreme. Sie reduziert auf absolute Einfachheit, indem sie Basisdringlichkeiten lehrt, das Essentielle der Existenz hervorhebt. Sie zwingt zur Reflexion auf das absolut Notwendige, zur Besinnung auf Fundamentales, auf Lebensnotwendigkeiten, auf einfachste wesentliche Ziele, auf Grundentscheidungen. Der Selbstbesinnung ist hier nicht auszuweichen. Grundstrukturen und Wertungen der Selbstbestimmung sind zur Klarheit gezwungen. Man begegnet sich selbst, kann sich schwerlich selber täuschen.

Die Wüste prägt: »Wer in die Wüste geht, wird nicht mehr derselbe sein, der er vormals war,« sagt ein arabisches Sprichwort, das die tausendfach erlittene Weisheit des Wüstenlebens, der Begegnung mit der Wüste reflektiert. »Man muß ein Nichts geworden sein, um ein Jemand werden zu können,« schrieb jemand über einen deutschen Exilmaler, der Australiens Wüste durchlitten und immer wieder gemalt hatte.

Wir überfliegen eine langgestreckte kleine dunkelgrüne Oase mit zwei lebensspendenden, vitalisierenden glänzenden Wasseräderchen, die wieder im ewigen Sande versickern. »Ἄριστον μὲν ὕδωρ« (»Das Beste ist das Wasser!«). Wie recht Pindar und Thales hatten, zeigt sich hier. Wie getrocknete Seesterne rekeln sich die windgepreßten Dünenstrukturen um das winzige wäßrige Grün. Gierig greifen die Sternarme nach dem bißchen ertrotzten Leben, bedrängen es, um es zu überdecken, zu verschlingen. *Zwischen Wasser und Urwald* betitelte Schweitzer seinen ersten Buchbericht aus Lambarene. Zwischen Wüste und Urwald, zwischen Wasser und Wüste wogt unter uns der Lebenskampf. Und die Wüste siegt, scheint überall zu siegen... »Die Wüste wächst, – weh dem, der Wüsten birgt.« Mit dem bißchen Leben, das wir als Mitgift erhielten, die übermächtige Wüste bekämpfen – in der geringen Spanne Zeit, die uns dafür gegeben. Ist das nur ein vergeblicher symbolischer Heroismus des Ethischen gegenüber den Wüsten, den kosmischen wie den konsumerzeugten? Soweit der Mensch moralisch handelt, ethisch denkt und motiviert ist, kann man mit Immanuel Kant sagen, habe er teil am Göttlichen. »Gott, das ist die moralisch-praktische Vernunft«, dieser konzentrierteste Satz einer philosophisch-ideal-theologischen Ethik ist in Kants Nachlaßnotizen enthalten. Schweitzer hätte ihn sicher unterschrieben. Am Normativ-Ethischen hat der Mensch sein bestes Teil – es ist zwar ein selbstfabriziertes Interpretationskonstrukt, doch mit Allgemeinheitsanspruch für alle Menschen (bei Kant: für alle Vernunftwesen); es ist generalisierbar, projizierbar. Auch anderen Lebewesen, Tieren, Tierarten, ja, der Natur in Gestalt ihrer Ökosysteme können wir eine Art ethischen Status als Träger von moralischen »Quasirechten« zuerkennen. Nicht nur, wer Verantwortung und Pflichten trägt, weist moralischen Status auf. Passiven moralischen Status haben die anderen Lebewesen auch. Die Kantische Symmetrie von Rechten und Pflichten in moralischen Zusammenhängen (»Nur wer moralische Pflichten hat, hat auch Rechte«) müssen wir aufgeben. Dies könnte zu einem Kernsatz einer bereinigten Schweitzerschen Ehrfurchtsethik werden. Von unserem kosmisch-moralischen Sonderstatus als die einzigen Wesen, die Verantwortung tragen können – und *müssen*, wird dadurch nichts abgestrichen. Im Gegenteil! Es zeichnet den Menschen als ein moralisches Wesen aus, daß er repräsentativ für andere (mit)denken kann, daß er stellvertretend Verantwortung übernimmt. Das mag der bleibende Zentralgehalt des biblischen Dominium-terrae-Gebots (»Macht euch die Erde untertan!« Gen. 1:28) in säkularisierter Fassung sein. Doch setzte Gott den Menschen auch »in den Garten Eden, daß er ihn baute und bewahrte« (Gen. 2:15), und selbst nach der Vertreibung erlegte er ihm auf,

»daß er das Feld baute« (Gen. 3:23). Schließlich ist der Mensch auch das – soweit uns bekannt – einzige Wesen, in dem die Natur innerhalb eines hochkomplexen Evolutionsproduktes selbstreflexiv geworden ist, sich selber hinterfragen, erkennen, erklären und deuten kann. Dies ist eine erkenntnistheoretisch-ethische Verantwortung von naturphilosophischem, ja, metaphysischem Gewicht. Die andere ist die eigentlich ethische. Beide hat Schweitzer gesehen.

Albert Schweitzer wollte jedoch den Naturalismus mit dem Moralismus durch den Rationalismus zu einfach über den Leisten einer Einheitstheorie von Sein und Ethik schlagen. Der Mensch sollte sich letztbegründungs-rationalistisch in seinem Verhältnis zum unendlichen Sein denkend aus einem letzten obersten Prinzip von Natur und Moral, von Erkenntnis und Ethik begreifen suchen. Das Sichbegreifen üben, denkend erfahren oder wenigstens exemplarisch-eindringlich erleben und verdeutlichen zu können, das sollten wir als Anspruch beibehalten. Nur die Herleitung aus einem letzten obersten Prinzip des Seins kann nicht gelingen. Der Deduktionsrationalismus des ultimativen Axioms ist aufzugeben. Denken kann auch nichtrationalistisch gelingen und geleistet werden: Die rationale Argumentation durch das Untersuchen und Erörtern »guter Gründe« geht über den klassischen Rationalismus hinaus. Rationales Denken ist mehr als Rationalismus. Das hatte Schweitzer noch nicht sehen können, da er methodologisch den Ansätzen der Philosophie der beiden letzten Jahrhunderte, besonders der von ihm geschätzten Aufklärungsphilosophie, verhaftet blieb.

Auch über das Normative, das Moralische, über Werte läßt sich rational argumentieren, ohne rationalistisch auf einen deduktiven Kognitivismus zurückzugreifen. Auch dies hat Schweitzer – ebensowenig wie Kant, in dessen philosophischem Bann er ebenfalls verblieb – noch nicht gesehen. Dies allerdings hätte er bemerken können, hätte er seine in den unveröffentlichten Ethikentwürfen vollzogene positive Neubewertung der Moralphilosophie David Humes nicht nur auf die (übrigens von Schweitzer zu weit, nichtutilitaristisch interpretierte) Nützlichkeitsethik bezogen, sondern auch auf die methodische »Gabelung« zwischen Normativem und Deskriptiv-Kognitivem (»Hume's Fork«). Aus dem Sein kann (nichttrivial) kein Sollen erschlossen werden – auch nicht versteckt. Es gibt keine Einbahnstraße, auch keinen Schleichweg vom kosmischen unendlichen Sein zum normativen Sollen. Begreift sich das ethische Wesen in diesem Sein (nie wird von Schweitzer erläutert, wie man sich »das unendliche Sein« genauer vorzustellen habe), so kann es nicht auf wissenschaftliche oder logisch sichere Re- oder Deduktionsketten zurückgreifen. Jedes Sichbegreifen ist konstruktive Interpretation. Diese braucht nicht ohne Gründe, ohne Anbindungen in der Praxis und der Realität zu sein. Die beiden letzteren sind freilich nur in Interpretationen faßbar. Erkenntnis ist notwendig interpretationsimprägniert, interpretationsabhängig. Das ethische Wesen ist notwendig auf konstruktives aktives Interpretieren, auf projektive begriffliche Erschließung, auf Interpretationsentwürfe – und somit auf Weltentwerfen und Handeln – angewiesen. Dies gilt gerade auch im Ethischen. Auch hierin ist Schweitzers Ethikansatz methodologisch weiterzuführen, zu verfeinern, pragmatisch zu befestigen, damit die »grüne Oase« dem Sandsturm des nihilistischen Materialismus und auch eifernder ideologischer Anstürmer widerstehen kann.

Oasen sind immer gefährdet – seien es nun grüne in der Sandwüste oder zivilisatorische in der grünen Hölle. Sie müssen immer wieder, immer weiter erbaut, verbaut, befestigt werden. Der Kampf gegen Wüsten und Dschungel hört niemals auf. Auch das hat der mutige Albert Schweitzer mit seinem Beispiel Lambarene und dem dreimaligen Neuanfang im Kampf gegen Dschungel und Fiebertod uns eindrucksstark gelehrt. Schweitzer verstand sich demonstrativ als Arzt (des morgens) und als Baumeister (nachmittags). Am Abend aber war er Klavier- oder Orgelkünstler und – philosophischer Denker.
Das Symbol kann, wird und sollte weiterwirken …

In der Realität tobt der Sandsturm unter uns, schüttelt die Swiss-Air-Maschine kräftig durch: »Fasten seat belt!« Rötlich-gräulich, greulich-gräulich fahl west, weht die Sandwelt unter uns. Die Oasen müssen dem Sandsturm der wachsenden Wüste trotzen. Oasenbewohner können das nur durch ständiges Bauen, Weiterbauen, Neuerbauen, durch flexibles Sichbehaupten leisten – für beschränkte Zeit, im umgrenzten Raum.
Der Sandsturm ist vorüber. Der fliegende Palast hängt wieder scheinbar regungslos in der Luft, sanft über den tiefer schwebenden Wolkenteppich strei-

chend. Algerien ist wohl überflogen jetzt. Das Mare Mediterraneum, Ursprungsmeer unseres abendländischen Geistes, grüßt von ferne her. Hier ist's, wo der Stier Europa trug. Hier – rechts außen weiter gen Osten – haben Sokrates, Platon, Aristoteles gewirkt, hat Jesus seine ethisch-religiöse Revolution auf den Weg gebracht. Ausgangsmeer unserer Kultur, die zur weltbeherrschenden wurde. Diese Ausbreitung hat eine besondere Verantwortung und Verpflichtung zur Folge. Schweitzer sah dies sehr klar und zog persönliche und kompromißlose Konsequenzen. Glück und Kreativität verpflichten. Man müsse das Glück der Kultur, der Kunst, der Erkenntnis durch ein Opfer des Dienens aufwiegen, erst »ver-dienen« oder unverdientes Privileg und Glück, das mit fremdem Leiden erkauft wurde, aktiv »sühnen«. Er wollte dies tun, indem er sein späteres Leben den Leidenden unter den Ärmsten dieser Welt, in den vom Abendland kolonialisierten und ausgebeuteten Ländern widmete. Man kann Ähnliches vielleicht auch leisten – wenigstens symbolisch, indem man seine intellektuellen Talente entwickelt und sich den ethischen Fragen direkt zuwendet – mit der Verpflichtung, praxiszugewandt zu denken und die Ergebnisse weiterzuverbreiten. M.E. ist das mein Weg, meine Verantwortung, ja, intellektuelle und moralische Verpflichtung …

Das Mittelmeer scheint blau von unten herauf. Die dichte Wolkendecke ist längst aufgerissen. Quellwölkchen-Schatten dunkeln in der gleißenden, geriffelten, von Schlierenstreifen durchzogenen Silberfläche wider. Ein Schiffspunkt zieht einen Dreizack

hinter sich her. Poseidon geleite ihn gut gen Afrika. »*Nach*denkend« folgen wir notgedrungen, in den Lüften vorwärtsstürmend – airborne, wie die Angelsachsen sagen-, dem Bruder des Epimetheus, also dem Prometheus, dem »Vordenker«, der den Menschen, Kultur, Feuer und Technik brachte, indem er Zeus hinterging. Müssen wir – wie er – angeschmiedet am Kaukasischen, am Abendländischen, ewig dafür büßen? Jedenfalls – wir überfliegen Korsika – nein, es ist schon Marseille oder Hyère (mit dem vorgelagerten Sonneninselchen Porquerolles, auf dem ich vor Jahren an einer mediterranen, geradezu griechisch-paradiesischen Herbsttagung über Mythos und abendländische Rationalität teilnahm). Beethovens »Pastorale« ist im Lautsprechersystem verklungen. Man spielt jetzt abendländisch-forsch, rationalistisch skandiert das Piano Concerto No. 2 in g-Moll von Camille Saint-Saëns: Andante sostenuto zuerst, dann Allegro scherzando – und schließlich: presto. Doch gleich reißt man uns schon die Hörmuschel aus der Hand und aus der Buchse, während links die Berge bei Grenoble, dann die Savoyer Alpen mit dem Montblanc, dem Dach Europas, in blauen Hintergrundschichtungen, die diesige Abendstimmung über den Bergen um den Lac d'Annecy untergliedern. Vorne links in der Abendsonne taucht der Genfer See mit Hochhäuserwänden als Lichtflecken auf.
Europa hat uns wieder.
Hatten wir es je verlassen?
»Alles ist Spaß, und Brot stillt den Hunger«, sagt ein afrikanisches Sprichwort.
Gilt das auch für unser altes Europa?

Wie schrieb doch Gottfried Benn sarkastisch, Karl Jaspers' Monumentalwerk *Die Wahrheit* bespöttelnd, in seinem Gedicht *»Der Broadway singt und tanzt« eine magnifique Reportage!*?

»Dagegen unser Europa! Vielleicht Urgrund der Seele;
aber viel Nonsens(e), Salbader:
»Die Wahrheit« – Lebenswerk, 500 Seiten –
so lang kann die Wahrheit doch gar nicht sein!
oder:
›Das Denkerische über das Denken‹,
das ist bestimmt nicht so betäubend
wie Broadway-Noah.
Immer: Grundriß.
Kinder! Kinder!»

Kinder! Old-Europe hat mich – mit anderen Augen – wieder.
Doch der Schwarze Kontinent liegt noch lange nicht hinter mir. Wurde nicht der Europäer, wie der nigerische Dramatiker Bode Osanyin sagt, »schon selbst seine eigene Parodie«? Wohl nicht absichtlich. Der Europäer, Europa als Karikatur seiner selbst? Europa – nur noch »eine magnifique Reportage«?
»Immer: Grundriß!«
Immer: Wettkampf!
Immer: Leistung!
»Kinder! Kinder!«
Frißt Europa seine Kinder?

# Zwischen Rationalismus und Erleben

## Über Albert Schweitzers unveröffentlichten Nachlaß zur Ethik der Ehrfurcht vor dem Leben

Die Ethik Albert Schweitzers ist – soweit sie veröffentlicht und weithin bekannt ist – im wesentlichen in den 1923 erschienenen Büchern *Verfall und Wiederaufbau der Kultur* (von Schweitzer *Kulturphilosophie I* genannt) und *Kultur und Ethik* (*Kulturphilosophie II*) enthalten. Auch wissenschaftlich Arbeitende ahnten nicht, wie der Autor die Grundzüge seiner Ethik von der Ehrfurcht vor dem Leben in den umfangreichen Nachlaßtexten ausgearbeitet oder abgeändert hatte. Man wußte nur, daß viele Nachlaßtexte und Entwürfe zur Ethik im Hause Schweitzers zu Günsbach im Elsaß vorliegen – etwa 2000 Seiten zur philosophischen und ca. 1000 Seiten zur theologischen Ethik. Schweitzers Ethik ist heute besonders aktuell, weil man ihn als einen der ersten Bioethiker und ökologischen Ethiker sowie als prominenten Tierethiker bezeichnen muß. Der 1977 verstorbene Theologe Ulrich Neuenschwander hatte die von Schweitzer selbst so genannte *Kulturphilosophie III*, also den philosophischen Teil, editorisch zu bearbeiten begonnen. Die Vorbereitungsarbeit ist nunmehr von Johann Zürcher abgeschlossen worden. *Kultur und Ethik in der Weltanschauung der Weltreligionen* ist im Druck und sollte vor einem Jahr erschienen sein. Das philosophische Ethik-Manuskript liegt in vier Bänden druckreif vor, stieß bislang aber unverständlicherweise noch auf Veröffentlichungsschwierigkeiten, sei es eine Zeitlang durch einen Mitinhaber der Veröffentlichungsrechte, sei es durch einen allzu zögernden oder säumigen Verlag.

Bei dem philosophischen Nachlaß zur Ethik handelt es sich um Entwürfe und Texte aus der Zeit von 1931–1945. Da diese Texte zumeist mehr als zwanzig Jahre nach den *Kulturphilosophien I* und *II* geschrieben wurden, läßt sich sinnvoll fragen, ob die Nachlaßtexte neue Ansätze, Akzente und Ausführungen enthalten. Im folgenden soll über einige zentrale Aspekte der *Kulturphilosophie III* kurz berichtet werden, und diese sollen dann kritisch gewürdigt werden.

Schweitzer versuchte in dieser *Kulturphilosophie III* die zugleich rationalistische und praxiszugewandte Ethikbegründung aus seiner *Kultur und Ethik*, in immer neuen Anläufen und wieder umgeschriebenen Entwürfen auszubauen und tiefer zu begründen. Es wurde ein gewaltiger Torso, der wohl nicht nur aus unterschiedlichen Gründen – inneren wie äußerlichen – unvollendet blieb.

Auf einige der inneren Gründe soll in diesem Aufsatz eingegangen werden. Wir werden dabei zu der Einsicht geführt: Schweitzers ethischer Nachlaß muß allgemein ähnlich wie seine Ausführungen in *Kultur und Ethik* unter der Gegensätzlichkeit zwischen seinem tiefgründenden aufklärerischen Rationalismus, seinem ungeklärten naturphilosophischen Einheitsdenken (Monismus) und seiner mystischen Erlebensethik beurteilt werden. Die Schwierigkeiten haben z. T. auch methodologische Gründe (etwa im Hinblick auf das Rationalismusproblem). Auch dies soll im folgenden anhand einiger ausgewählter Schwerpunkte illustriert, nachgezeichnet und kritisch beurteilt werden.

Schon in der *Kulturphilosophie I* hatte Schweitzer behauptet, der Niedergang der Kultur im 20. Jahrhundert sei ein Resultat des Versagens der Philosophie, des verlorenen Vertrauens auf die Vernunft und eines Wirklichkeitsoptimismus ohne geistige Grundlagen. Anders als in *Kulturphilosophie II* behandelt Schweitzer nun in *Kulturphilosophie III* kritisch die Ansätze von zeitgenössischen Philosophen wie etwa Rickert, Nikolei Hartmann, Scheler, Jaspers und Heidegger. Darüber hinaus setzt er sich generell mit philosophischen Schulen wie dem Neukantianismus, der Lebensphilosophie, Existenzphilosophie und insbesondere dem Neobiologismus auseinander. Er vermißt bei diesen Denkern und philosophischen Schulen die Pragmatik und die Bereitschaft zur unmittelbaren praktischen Applikation des Denkens sowie zumeist auch das »tiefe« elementare Denken (bei ihm meist nur »Denken« genannt) und zugleich dessen pragmatische Einbettung. Schweitzer sieht eine sich seit der Jahrhundertwende geradezu lawinenartig ausbreitende Aushöhlung der Humanitätsidee und der ihr entsprechenden ethischen Normen. Beide würden durch Werte wie »Lebenskraft« und »Lebenstüchtigkeit« (IV, 34) und durch Parolen wie »Biologisch denken!« (ebd. 30) ersetzt. Ethikbegründung würde durch eine Pseudobiologie und durch eine »für den Volksgebrauch zurechtgemachte Biologie« (IV, 35) verdrängt. Schweitzer macht Spencers pseudobiologische Ethikbegründung und Soziologie sowie eine weitgehend falsch gedeutete Ethisierung des Darwinschen Ausleseprinzips dafür verantwortlich, besonders aber Nietzsches Biologismus und dessen Fortwirken. Er hebt den Unterschied zwischen der elitären und aristokratischen Sicht Nietzsches und der am Individuum desinteressierten biologischen Gattungsperspektive hervor. Er meint, gerade die Verwischung dieser wichtigen Differenzen führe zur pseudobiologistischen Neoromantik und zur für Kultur und Ethik verhängnisvollen Ersetzung der Ethik durch Strategien und Schlagworte des Naturalismus, des Vitalismus sowie zur Forderung, der Stärkste werde und solle sich durchsetzen. Ohne eine solche »popularisierende und zurechtgemachte Biologie« hätte Nietzsche »nicht so raschen und weitgehenden Erfolg gehabt«. »Andererseits ist er es nun, der sie zum Siege führt« (IV, 34). Die bisherige akademische Philosophie hätte dieser Strategie des biologistischen Ethikersatzes bzw. dem Kulturverfall nichts entgegenzusetzen gehabt. Sie hätte sich zu sehr in ihre Fachstreitereien zurückgezogen und nicht mehr in die Öffentlichkeit zu wirken vermocht. Der »Neoprimitivismus« (IV, 136) habe über die philosophisch und geistig begründete Kultur gesiegt: »Daß ... der Neoprimitive von der Kultur das Geistige verwirft und das durch das Geistige geschaffene Materielle beibehält und also in primitiver Mentalität, als verstände sich dies von selbst, über die von dem Kulturmenschen erworbene Übermenschen-Macht verfügen will, ist etwas Ungeheuerliches« (ebd.).

Schweitzer schließt, »daß der Wille zur Macht sich vorzugsweise in plebejischen Persönlichkeiten verkörpert« (IV, 170), daß »die Musik Bachs und Beethovens« uns nicht mehr gehöre, »weil der Geist, in dem sie entstand und der sich in ihr kundgibt, nicht mehr der unsrige ist« (IV, 26). So schreibt er 1944, kurz vor Ende des Zweiten Weltkrieges: »Wenn in der Aufführung der 9. Sinfonie Beethovens gesungen wird 'Alle Menschen werden Brüder', nimmt sich dies für uns als Hörer grotesk aus, weil von dieser Stimmung heute nichts mehr vorhanden ist« (ebd.). Schweitzer spitzt dies noch zu: »Die Welt Kants, Goethes und so vieler anderer Denker der Vergangenheit ist nicht mehr die unsrige. Wir sind von ihnen abgefallen und haben kein inneres Verhältnis mehr zu dem Geiste, der aus ihren Werken redet. Was ihnen Überzeugung war, ist uns Phrase geworden. Nach dem, was geschehen ist, können wir das Beste nicht mehr mit ihnen gemeinsam haben« (ebd.).

Claus Günzler, mit dem ich Seminare zu den ethischen Nachlaßtexten Schweitzers durchgeführt habe, urteilt, daß sich »Schweitzers Kulturkritik... in der 'Kulturphilosophie III' gegenüber den Texten von 1923 erheblich verschärft« habe, »auch wenn die Kriterien dieser Kritik dieselben bleiben«. Schweitzer müsse »die dreißiger und vierziger Jahre als bittere Bestätigung jener Kritik empfunden haben, die er schon zu Beginn des Jahrhunderts entworfen hatte, nur daß die zeitgeschichtliche Situation sich jetzt als ein so totaler Kulturzusammenbruch darstellte, wie er ihn in diesem Ausmaß bei seinen Warnungen von 1923 noch nicht hatte ahnen können«.

Welches sind nun inhaltlich neue Gesichtspunkte oder Aspekte im ethischen Nachlaß?

Schweitzer geht wie in *Kultur und Ethik* von einem ethischen Dualismus des Andersseins des ethischen Willens und der ethischen Vernunft als die Natur aus, wobei aber dennoch die »Verbundenheit mit anderem Leben« (II, 16) gleichsam als eine natürliche Anlage und Grundlage für die Weiterentwicklung und Realisierungsmöglichkeit der Ethik gesehen wird. Dabei sieht Schweitzer deutlicher die Herausforderung und den »stetigen innerlichen Konflikt mit der Welt«, die jede Ethik gleichsam als Herausforderung zu nehmen hat, gegenüber der sie zwischen Prinzip und Realisierung oder Applikation aber eben als anwendbar, also als praktizierbar zu erweisen ist, indem sie sich auf natürliche Anwendungsbedingungen einzulassen, aber ihrem gegennatürlichen Anspruch Verwirklichung und Chancen zu eröffnen hat.

Anders als in *Kultur und Ethik* meint Schweitzer nun (II, 327): »Meine Ethik ist nichts Neues, sondern erfaßt nur bereits Erreichtes in tieferer und umfassenderer Weise.« Dies paßt zusammen mit seiner allgemeinen Ansicht über die Philosophie: »In der Philosophie gibt es kein Erfinden, sondern nur ein Vertiefen. Das eigene Denken sucht sich im Menschheits-Denken zu begreifen« (II, 336).

Ganz anders auch als früher sieht Schweitzer nunmehr Sokrates und David Hume als ethische Vorläufer seiner These, daß sich Ethik autonom zu begründen hat und nicht aus Weltbeschreibungen bzw.

deskriptiven Sätzen abgeleitet werden kann. Das Problem einer ethischen Weltanschauung sieht er bei diesen beiden Denkern ausgeprägt – auch mit der Frage nach der Überbrückung zwischen Welterkenntnis und ethischem Anspruch. So nimmt Schweitzer sich selber vor (II, 319): »Die Stellung des Sokrates wiederholen: Das ethische Problem in den Mittelpunkt stellen, von dem Rest absehen, und um das ethische Problem bildet sich eine neue Weltphilosophie.« Dann (IV, 71): »Als erster in dem europäischen Denken beschäftigt sich Sokrates mit der Lebensanschauung als solcher. Er tut es nicht nur, weil er von sich aus dazu neigt, die Gesinnung und das Verhalten des Menschen als das, was in erster Linie als Gegenstand des Denkens in Betracht kommt, anzusehen, sondern auch, weil ihm keine Ansicht von der Welt zu Gebote steht, in der er das, was er den Sophisten gegenüber als wahr und recht und gut aufrechterhalten will, begründen kann.«

Bei Hume werde diese Problematik ernster und systematischer durchgeführt: »Ein ernstes Nachdenken über die Lebensanschauung kommt dann erst bei Hume auf; dieser, obwohl auch durch Skeptizismus in Bezug auf feste und brauchbare Welterkenntnis dazu geführt, sich mit der Lebensanschauung als solcher zu befassen und sich über ihre Grundzüge und ihre Begründetheit klar zu werden, gräbt doch bereits viel tiefer; insbesondere ist wichtig, daß er die Ethik fundamental aus der in unserem Wesen gegebenen Fähigkeit und Nötigung zum Mitempfinden mit den anderen Menschenwesen zu begründen unternimmt. Hier liegt ein Unternehmen vor, zu den Wurzeln der

Lebensanschauung vorzudringen und sie auf sich selbst zu stellen. Ein Streben nach Wahrheit. Keiner hat eigentlich fortgesetzt, was er begonnen. Diese eigentlich positive Leistung wurde nicht begriffen.«

Schweitzer sieht auch seine Würdigung des gesunden Menschenverstandes und des Denkens, des »tiefen« »elementaren Denkens«, in Humes Philosophie vorgeprägt. Schweitzer führt diese Polarität ausdrücklich fort und möchte die Anwendungsorientierung auf die ständige Notwendigkeit des Rückbezuges jedes tiefen und elementaren Denkens auf den von diesem durchaus unterschiedenen gesunden Menschenverstand verstanden wissen. So schreibt er (II, 79): »Alles Denken nimmt seinen Anfang in dem gesunden Menschenverstand. Er hat es mit den beiden elementaren Fragen des Glücklich-Werdens und des Recht-Tuns zu tun. Von diesen geht der Mensch in seinem Denken aus; zu diesen kehrt er immer wieder zurück.« Anwendungsfragen, Anwendungsprobleme stehen im Mittelpunkt des gesunden Menschenverstandes, der sich aber als »gewöhnliches Denken« im Rahmen des »gewöhnlichen Dahinlebens« immer auch als »abgestumpfter Menschenverstand« (I, 191) erweist. Als ein »sachliches, unmittelbar auf das Praktische gerichtetes Denken« (I, 23) muß »der rechte gesunde Menschenverstand« »über sich selber hinausführ(en)« (III, 4): »Der gesunde Menschenverstand und das Denken gehören zusammen wie die Vorberge und das Hochgebirge. Niemals darf sich der gesunde Menschenverstand anmaßen, die Rolle des Denkens spielen zu wollen. Niemals darf das Denken den Zusammenhang mit dem gesunden Menschenverstand verlieren« (II, 79f). Die Orientierung an praktischer Anwendung, an Lebensdienlichkeit, die unmittelbare Verbindung von Prinzip und Lebenspraxis betont Schweitzer immer wieder. Dem Prinzip sind aber nicht die einzelnen Anwendungsfälle einfach subsumiert oder notwendig zu subsumieren, sondern das Prinzip gleicht einer richtungsgebenden Leitregel, einem Kompaß im Dschungel (auf dieses Bild kommt Schweitzer des öfteren zurück). Auch die philosophisch argumentativ begründeten Prinzipien können nach Schweitzer jedoch nur dann wirklich überzeugen, wenn sie dem gesunden Menschenverstand und dem natürlich wertenden Urteilen entsprechen: »Die Autorität der Ethik hängt nicht davon ab, daß sie in möglichst allgemeingültiger Weise gebietet, sondern davon, daß sie es in überzeugenster und eindringlichster Weise tut« (IV, 118).

So kommt Schweitzer auch zu einer ganz neuen, gegenüber der *Kulturphilosophie II* geradezu um 180 Grad gewendeten Beurteilung der von ihm so genannten Nützlichkeitsethik, die jetzt als eine Variante der praktischen Hingebungsethik und der Selbstvervollkommnung erscheint. So wird die »robuste Nützlichkeitsethik« nunmehr geradezu als »gesund« beschrieben (II, 347). Nach seiner früheren scharfen Kritik am Utilitarismus stellt Schweitzer nunmehr die Nützlichkeitsethik in den Dienst des obersten Prinzips der »Ehrfurcht vor dem Leben«. (Er arbeitet jedoch die systematischen Unterschiede zwischen der Begründungsproblematik und der Anwendungsfrage – um die erstere geht es ja zumeist in der Utilitarismusdebatte – nicht heraus. Mit »Nützlichkeitsethik« meint Schweitzer den zweiten Gesichtspunkt, also lebensdienliche Anwendung der Prinzipien.) Die Nützlichkeitsethik hat für Schweitzer die Aufgabe, die Erhaltung und Förderung von Leben praktisch realisierbar und konkretisierbar zu machen sowie Handlungsmotivation zu erzeugen oder zu fördern. Nützlichkeitsorientierung könne das Handeln praktischer, konkreter und stärker motivieren als eine bloß der persönlichen Selbstvervollkommnung verpflichtete Prinzipienorientierung. Diese neue Bewertung ändert nichts an Schweitzers alter Überzeugung vom Vorrang der Prinzipienethik und der Selbstvervollkommnungsethik. Dies unterscheidet seine Ethik dennoch deutlich von jeder Ethik-Begründung der Utilitaristen. Genauer vergleicht er nun die Ethik mit einem »Stromnetz, das von zwei Elektrizitätszentralen versorgt wird« (IV, 100) oder mit einer »Ellipse mit dem Motiv der Hingebung und dem des Vollkommener-Werdens als den beiden Brennpunkten« (III, 140). Beide Brennpunkte sind voneinander abhängig, aufeinander angewiesen: »Erst wenn die beiden Motive der Ethik miteinander vorhanden sind und ineinandergreifen, ist die Ethik lebendig und tief zugleich« (IV, 101). Dabei behält die Ethik des inneren Vollkommenerwerdens, des inneren Prinzipienstrebens durchaus den Vorrang gegenüber einer Ethik des äußeren Erfolgs, des nutzenorientierten Sichhingebens und Dienens. Schweitzer bleibt Prinzipienethiker, der Gesinnungsethik verpflichtet (wie Max Weber sagen würde), selbst wenn er Nützlichkeitsgesichtspunkten eine notwendige, aber eben nur zweckgebundene und partielle

Berechtigung zuerkennt. Nach Günzler muß »die Aufwertung der vormals als äußerlich und armselig kritisierten Nützlichkeitsethik zu den neuen Akzenten in der *Kulturphilosophie III* gezählt werden«. Die Orientierung am Nutzen soll die Prinzipienorientierung konkretisieren, offenbar die grundlegende Notwendigkeit der Anwendung betonen. Der Nützlichkeitsgesichtspunkt ist sozusagen der Transmissionsriemen, der dem obersten Prinzip der »Ehrfurcht vor dem Leben« in der praktischen Anwendung in der Welt den Schwung gibt.

Schweitzer meint zu dem Zusammenspiel von Prinzip und Nützlichkeit in der Ethik (II, 20):
»Das Gute ist uns Motiv und Ziel des Handelns zugleich. Und ist als das Grundprinzip des Sittlichen höchste Erhaltung von Leben erkannt, so ist damit auch die natürliche Zusammengehörigkeit beider eingesehen. Aus der Notwendigkeit höchster geistiger Erhaltung des eigenen Lebens und zur höchsten Erhaltung und Förderung anderen Lebens – auf diese läuft ja alle Nützlichkeit hinaus – treten wir aus dem Für-Sich-Sein heraus und üben Hingebung.
Die Ethik des Vollkommenerwerdens und die des Dienens sind nicht zwei auseinanderliegende Berge, wie es den Anschein hat, wenn nur die Spitzen aus dem Dunst herausragen, sondern die zwiefache Krönung ein und desselben Höhenzuges.
Unnötig, die Nützlichkeitsethik zu diskreditieren. Ethik, die wirklich nur Nützlichkeitsethik ist, gibt es nicht. Immer wird das ethische Tun auch irgendwie aus der Bedeutung her, die es für den Tuenden selber hat, vollbracht. Wo dies in einer Theorie über Ethik

nicht oder nicht genügend in Anschlag gebracht wird, liegt eine fehlerhafte Erklärung des Ethischen vor, die überdies nur dadurch möglich ist, daß keine Kenntnis von dem Inhalte des Grundprinzips des Sittlichen vorhanden ist.
Dieses dumme Gerede gegen die Nützlichkeitsethik! Bruder Mensch, ach, daß du und ich an dem, was sie als flache und flachste Nützlichkeitsethik zu bezeichnen belieben, einigermaßen reich wären! Daß doch viel solcher schlechtester Nützlichkeitsethik unter den Menschen wäre und Oasen, wenn auch noch so armselige, in der Wüste der Kaltherzigkeit schüfe!»

Ausführlich widmet sich Schweitzer dem Problem von Weltanschauung und Lebensanschauung und dem Verhältnis beider, indem er betont, daß »das Bedürfnis nach Weltanschauung... gebieterisch und unausrottbar in uns gegeben« (I, 174) ist. Der Versuch, aus Weltanschauung ethische Prinzipien abzuleiten, muß nach Schweitzer aber scheitern, da die Natur in ihrer Selbstentzweiung dem Ethischen nicht entspricht. Andererseits muß Ethik aber in einer Lebens- und Weltanschauung eingebettet werden: »Ethik ist das tätige Einswerden mit dem unendlichen Sein« (II, 268). Dieses ist das zentrale Problem der Schweitzerschen *Kulturphilosophie III* – nämlich, wie dieses ethische Einssein mit einer nicht-ethischen Welt zu denken und zu ermöglichen ist. Angesichts der Gegensätze von Natur und Ethik, praktischer aktiver Hingabe und reflektierend- theoretischer Selbstversenkung und Selbstvervollkommnung, Praxisorientierung und Reflexionstiefe, Aktivitätsstreben und

Suche nach Lebenssinn, Handlungsethik und ethischer Mystik, ergeben sich natürlich theoretische Vermittlungsschwierigkeiten, auf die nachfolgend kurz hingewiesen werden soll.

In der Tat gehen die Schwierigkeiten von Schweitzers Ethikansatz auf mindestens sechs Entgegensetzungen in Deutung und Einordnung zurück: 1. Ethik als rationale Erkenntnis von Regeln, die sich aus einem obersten Prinzip rationalistisch herleiten, gegenüber solidarischer Erlebens- und Hingebungsethik; 2. geschichtliche Entwicklung des ethischen Gedankens gegenüber systematischer Zentrierung und Ableitung; 3. normative Wertung in der Ethik als »denkend gewordener Moral« (II, 318) gegenüber theoretischer (genauer: kognitiv-deskriptiver) ethischer Erkenntnis; 4. Ethik zwischen praktischem, nur oberflächlich »gesundem« Menschenverstand und tiefem philosophischen Denken; 5. Ethik zwischen Hingebungs- und Selbstvervollkommnungsansprüchen; 6. Ethik zwischen Welt- und Lebensanschauung usw. (Zum Teil wurden diese Polaritäten – besonders die letzteren drei – bereits erwähnt.)

Schweitzer kämpfte offensichtlich mit erheblichen Strukturierungs- und Darstellungsproblemen, die sich aus der gemischt historisch-systematischen Anordnung und seiner ähnlichen Gedankenführung aus *Kultur und Ethik* bereits ergaben und hier im Nachlaß fortgeführt werden. Aus äußerst treffenden Kurzkritiken zu geschichtlichen Ansätzen großer Autoren in der Ethik sucht Schweitzer zu einer systematischen Strukturierung zu gelangen und die Mängel jedes traditionellen Entwurfs aufzuweisen, die es in einem Neuansatz zu überwinden gilt, der seinerseits die praktische Orientierung der Ethik an einer tätig werdenden optimistischen Moral ebenso weiterführen soll wie die rationalistische Ableitungs-Begründung aus dem obersten Prinzip der »Ehrfurcht vor dem (Willen zum) Leben«.

Im Grunde bewegt sich Schweitzer in seinem Neuansatz des Nachlasses durchaus noch im Gedankenkreise von *Kultur und Ethik*. Er versucht durch immer wieder neue Anläufe des Schreibens gleichsam einen neuartigen Durchbruch zu erzwingen, ohne den bisher kultivierten Grund mit dessen tiefliegenden Schwierigkeiten zu verlassen. Es geht ihm stets um eine Vermittlung zwischen rationalistischer systematischer Begründung im Sinne traditioneller Systemphilosophie einerseits und praktischer moralischer Hingabe an anderes Leben und dessen Willen zum Leben andererseits, um die überzeugende Vermittlung von Denken und Handlungsmotivation, um die systematische Vereinigung von moralisch-pessimistischer Welterkenntnis einerseits und moralisch-optimistischer Solidaritäts- und Anspruchshaltung und die Einbettung in eine entsprechende lebensanschaulich geprägte Weltanschauung andererseits – kurz: um die Verbindung kognitiv-erkenntnismäßiger Grundlagen und normativ verbindlicher, tief empfundener Handlungsanforderungen andererseits.

Schweitzer ist erklärtermaßen Kind der philosophischen Aufklärung, möchte das »Denken«, genauer: das tiefe philosophische seinsorientierte Denken, zum Grundpfeiler der ethischen Orientierung machen, indem er einen argumentativen (wenn auch nicht rein erkenntnismäßigen-deduktiven) Zusammenhang zwischen Welt- und Lebensanschauung einerseits und ethischer Handlungsfundierung andererseits herstellen will.

Ausgangspunkt ist die Erkenntnis, daß sich aus dem Naturgeschehen der Welt und insbesondere der Zwiespältigkeit der Natur (Leben muß Leben vernichten, um selbst leben zu können) kein ethischer Sinn durch logische Verfahren allein herleiten läßt, daß aber die unumgängliche Herausforderung bestehen bleibt, für die Selbsterkenntis, das eigene Glück und insbesondere für die ethische Orientierung das eigene Sein und Handeln im Verhältnis zum »umgebenden unendlichen Sein« zu denken sowie Ethik in diesem Verhältnis zu begründen. Schweitzer sieht klar, daß aus der Erkenntis der Welt und ihrer Verhältnisse nicht rein deskriptiv-deduktiv auf ethische Prinzipien oder gar Normen und Vorschriften geschlossen werden kann. Er begründet dies nicht methodologisch, wie es analytische Philosophen heutzutage tun würden, die im Anschluß an Humes und Moores Ethik den sogenannten naturalistischen Fehlschluß vom Sein auf das Sollen, von rein beschreibenden auf normative (also wertende oder vorschreibende) Sätze kritisieren und zu vermeiden suchen, sondern inhaltlich: Die Natur und Welterkenntnis würde allemal zu einem Naturalismus, zu einem ethischen Sozialdarwinismus oder Biologismus führen, der gerade die Zentralpunkte der ethischen Grundintuition der Rücksichtnahme und Ehrfurcht vor dem anderen Lebewesen und dessen Willen zum Leben außer acht lassen würde.

Wenn auch keine Ableitung der Ethik aus der Welterkenntnis möglich ist, so soll sich doch der ethische Wille rational denkend in der Lebens- und Weltanschauung »begründen«, sich einfühlend in einer »Einheit mit dem umgebenden unendlichen Sein« wiederfinden können. Schweitzer sieht deutlich die Unmöglichkeit eines rationalistischen Ableitungs-Verfahrens zur Begründung der Ethik aus der Welterkenntnis, möchte aber andererseits aufklärerisch-rationalistisch immer noch den argumentativen Erkenntniszusammenhang zwischen Erkenntnis und Ethik gewahrt wissen. Wenn sich Ethik als denkend gewordene Moral nicht aus der Welterkenntnis herleiten kann, so doch aus der Erkenntnis des Willens zum Leben in mir und der von Gleichartigkeits-, Ähnlichkeits- und Gerechtigkeitsgesichtspunkten geforderten Anerkennung dieses Willens bei anderem Leben. Ethik soll nicht aus der Weltanschauung im Sinne einer »Anschauung von der Welt« hergeleitet werden, sondern aus einer solchen in mir gefundenen »Lebensanschauung«, die im weiteren Sinne zu einer ethisch gefärbten »Weltanschauung« (die über die bloße beobachtende »Anschauung von der Welt« hinausgeht) wird. Schweitzer möchte trotz seiner Einsicht über die Unmöglichkeit der theoretischen Integration von Naturerkenntnis und ethischem Kulturwollen diesen Zwiespalt gleichwohl denkend überbrücken, indem er ausgehend von dem inneren Erlebnis des Willens zum Leben in mir und der gebotenen Ehrfurcht vor diesem sowie von einer Grundeinsicht der Solidarität und Gleichberechtigung alles anderen Lebens zu einer dennoch rationalistisch-theoretischen Ethikbegründung zu gelangen sucht. Letztlich soll doch so etwas wie ein Schluß vom »Sein« des Lebenswollens und der Lebensbejahung in mir auf das ethische Sollen geführt – also sozusagen ein versteckter »naturalistischer Fehlschluß« geleistet werden. Ähnlich wie bei Kant soll Ethik im Sinne einer erkenntnismäßig strukturierten Disziplin theoretisch-axiomatisch begründet werden. Die fundamentalen Differenzen zwischen Normativem und Deskriptiv-Kognitivem werden ignoriert oder überspielt, gleichsam durch einen Taschenspielerkunsttrick dennoch einer rationalistischen Einheitslösung zugeführt.

Zwar sieht Schweitzer die fundamentalen Schwierigkeiten instinktiv, er hält aber – ähnlich wie in *Kultur und Ethik* – dennoch an den rationalistischen Forderungen nach einer Ableitungsbegründung der Ethik aus einem obersten Prinzip fest. Das Prinzip der »Ehrfurcht vor dem Leben« soll als das oberste Prinzip mit der Welterkenntnis und der Einbettung des Menschen in das »unendliche Sein« rational vereint werden, wenn auch keine reine Ableitung des Prinzips und der ihm entsprechenden Ethik aus der Weltanschauung im engeren Sinne mehr gewährleistet sein kann. Nun müssen also die Lebensanschauung und das Erlebnis des Willens zum Leben in mir selbst und die darauf beruhende erweiterte, ethisch gefärbte Weltanschauung zur rationalistischen Normenbegründung herhalten.

Untergründig sieht Schweitzer selbst die methodischen Schwierigkeiten, ohne sie aber explizit machen zu können. Seine Gedanken bewegen sich wie erwähnt stets noch im Kreise des Ansatzes von *Kultur und Ethik*; dort waren diese methodischen Probleme auch schon aufgetaucht und mit einer terminologisch unglücklichen, weil ebenso rationalistischen wie angeblich »mystischen« Ethikbegründung zugedeckt worden. Neu gegenüber diesem früheren Ansatz scheint nicht so sehr zu sein, daß die dort durchaus auch gesehene bedeutsame Rolle des Selbstvervollkommnungsideals in der Ethik in den ethischen Nachlaßtexten nicht nur als gleichwertig, sondern als tieferfundierend neben der Hingabeethik gesehen, sondern daß die Nützlichkeitsethik – wie oben erwähnt – als deren Teil nun sehr positiv eingeschätzt wird. Die pragmatische Anbindung und Einbettung seiner Ethik gewinnt hier einen zusätzlichen Strebepfeiler. Dies würde zu einer pragmatischen und kritisch-rationalistischen Begründung eher passen. Ein fundamental neuer Gedanke jedoch ist Schweitzer bei all diesem ständigen Umkreisen und Neuansetzen offenbar nicht gelungen. Es bleibt bei Ausweitungen, Ergänzungen, Akzentverlagerungen. Der neue gedankliche Durchbruch, der umfassende Strukturierungsversuch, den er anzielte und offenbar ernstlich, geradezu leidenschaftlich suchte, stellte sich nicht ein. Die ständigen neuen Entwürfe und Einzelkapitel gewinnen etwas Monomanisches: Der Autor schien den Durchbruch geradezu durch immer neu begonnene Versuche erzwingen zu wollen, ahnte aber wohl, daß er das grundlegend unvereinbare Material nicht über den Leisten eines einheitlichen Strukturierungsgedankens würde schlagen können. Zwischen den Polen Praxisorientierung und tiefem Denken, Hingabe- (einschließlich Nützlichkeits-) und Selbstvervollkommnungsethik, rationalistischer Begründung und tiefem Mitempfinden, moralisch pessimistischem Welterkennen (»Selbstentzweiung der Natur«) und ethisch-optimistischer Lebensanschauung im Sinne von moralischer Anerkennung allen anderen Lebens wurde Schweitzer immer wieder hin- und hergerissen, spürte untergründig die Unmöglichkeit dieses titanischen Versuchs und ließ es nach immer neuen, geradezu verzweifelten Ansätzen schließlich mit dem Torso bewenden.

Dies wird besonders deutlich im folgenden *Exkurs* über das Welt- und Lebensanschauungsproblem bei der Ethikfundierung:

»Das große Problem ist, das Universum (die Welt, das Weltgeschehen) und die Ethik zusammenzudenken«, so schrieb Schweitzer im II. Zentralkapitel (I, 176): »Die Ethik« sei »nicht in dem Weltgeschehen gegeben, nicht auf das Universum anwendbar« (ebd.). »In dem gewaltigen Organismus der Welt können wir keine einheitliche Zielstrebigkeit feststellen« (ebd. 165). »Als fundamentale Erkenntnis ergibt sich aus der Vergegenwärtigung der von dem Denken der Menschheit bisher begangenen Wege, daß jeder Versuch, der Welt einen Sinn zu geben, in welcher Weise dies auch unternommen wird, von vornherein aussichtslos ist.« So sieht Schweitzer, »daß wir auf das bisher so vielfach geübte und uns als selbstverständlich erscheinende Beginnen verzichten müssen, unserem Leben einen Sinn zu geben, der sich aus der Erkenntnis des Sinnes der Welt ergibt« (ebd. 163). So bleibt also nur die Möglichkeit, »aus unserer Notwendigkeit, aus dem Willen zum Leben unserem Leben einen Sinn zu geben«, so »gibt unser Leben sich selber einen Sinn« (ebd., Anm. R 10). »In Wirklichkeit führt die ethische Welt- und Lebensbejahung im Denken der Menschheit wie im Denken der Einzelnen eine eigene Existenz ( [hat] ihre eigenen Wurzeln, steht von sich aus fest), nur daß sie, um ihrer selbst gewiß zu werden und zu voller Kraft zu kommen, sich in dem Sinne der Welt zu begreifen sucht« (ebd. 167, Anm. R 16).

Was heißt dieses »Sich-zu-begreifen-Suchen«, wenn auf jede Herleitung aus einer, ja, schon auf jede »Anlehnung« an eine lebensbejahende »Weltanschauung« verzichtet werden muß? Schweitzers Lösung hierfür ist – wie schon in *Kultur und Ethik* -, daß die Lebensanschauung das Primäre, Fundierende gegenüber der Weltanschauung ist, »ein Eigendasein« besitzt, »auch aus eigener Kraft existieren kann« (ebd. 170) – und wohl *muß*! »Nicht die Weltanschauung, sondern die Lebensanschauung ist das Primäre. Der Vorgang ist nicht der, daß die Weltanschauung die Lebensanschauung hervorbringt, sondern die Lebensanschauung sucht sich in dem Denken über die Welt zu begreifen und umgibt sich mit einer ihr entsprechenden Weltanschauung. Die Einheit von Wille und Erkenntnis, auf die unser Streben geht, kommt nicht so zustande, daß die Erkenntnis den Willen bestimmt, sondern die in dem Willen gegebene Richtung sucht sich in einem Denken über das Sein zu begreifen. Solange das Denken die Einheit von Lebensanschauung und Weltanschauung dadurch herstellt, daß es die Welt zu verstehen meint, indem es sie im Sinne der Lebensanschauung deutet, kann es über das, was es eigentlich vornimmt, im Unklaren bleiben und meinen, aus dem Umfassenderen (der Weltanschauung) das weniger Umfassende (die Lebensanschauung) als das in ihr Gegebene abzuleiten. Aber sobald es einsieht, daß eine Deutung der Welt nicht möglich ist, kann es auch nicht anders, als den Versuch, zu einer Weltanschauung zu gelangen, in der Weise zu unternehmen, daß es von der Lebensanschauung ausgeht« (ebd. 170f). »Ich muß mir darüber klar werden, inwiefern meine Lebensanschauung in meinem Willen zum Leben gegeben ist« (ebd. 172) oder »was in meinem Willen zum Leben gegeben ist« (ebd., Anm. 48). »Die eigentliche Entscheidung zwischen Welt- und Lebensbejahung und Welt- und Lebensverneinung fällt also in dem Denken des Menschen über sich selbst« (ebd. 172); man könne daher nicht mehr unter »Weltanschauung« eine »Anschauung von der Welt, aus der sich mein Verhalten zur Welt ergibt, verstehen, sondern nur noch Anschauung von meinem Verhältnis zur Welt«: »Auf direktem Wege, ohne den als unmöglich erkannten Umweg über die Erklärung des Sinnes des Seins, will ich also zum geistigen Einssein mit dem unendlichen Sein gelangen« (ebd. 171, Anm. 46). Dabei gilt für Schweitzer als ein »Grundgesetz«, »daß… Ethik in natürlicher Verbindung mit Welt- und Lebensbejahung steht und daher mit Welt- und Lebensverneinung nicht vereinbar ist«, was er – wie in *Kultur und Ethik*, aber viel ausführlicher – im Nachlaß durch eine systematische Kritik der bisherigen welt- und lebensverneinenden Ethiken in der Geschichte der Menschheit zu stützen sucht. (Er erhärtet die Kriterien der mißverständlich so genannten »Natürlichkeit« der Verbindung indirekt: Man kann eine Lebensanschauung der Welt- und Lebensverneinung nicht konsequent (weiter)*leben*.)

Doch: *»Wie das Ethische in das Sein hineindenken?«* (ebd. 172, Anm. R 27) Diese Schwierigkeit gilt um so mehr, als »reine Welt- und Lebensbejahung niemals ethisch« an sich ist, »nicht einfach in gesteigerter Welt- und Lebensbejahung« besteht (ebd. 173). Nach Schweitzer wird »mein Wille zum Leben ... denkend über sich selbst und erhebt sich zur höheren Welt- und Lebensbejahung,« zur »ethischen Welt- und Lebensbejahung« (ebd. 172, Anm. 49), indem durch »Erkenntnis von innen her« »mein von ethischer Welt- und Lebensbejahung erfüllter Wille zum Leben zur geistigen Einheit mit dem unendlichen Sein« zu gelangen sucht: *»Nicht kommt Wollen (ethische Welt- und Lebensbejahung) aus Erkenntnis, sondern Wollen sucht in Erkenntnis über sich zu Klarheit zu kommen«* (ebd. 177). Nur so kann »sich unsere an sich gegebene ethische Welt- und Lebensbejahung in dem Denken über das Sein begreifen« (ebd.).
(Hiermit ist freilich erst nur eine *notwendige* Bedingung des Begreifenkönnens beschrieben, dessen Verwirklichbarkeit noch keineswegs bewiesen: Diese wird von Schweitzer immer wieder eindringlich beschwörend unterstellt. Als überzeugter Aufklärer-Rationalist mußte er stets die Begreifbarkeit der Welt voraussetzen; doch ist diese Unterstellung so unproblematisch?)

Ethik »[will] (!) sich als Verhältnis des Menschen zum unendlichen Sein« begreifen (ebd. 176, Anm. R 38). Sie bedarf also einer »Gewißheit anderer Art, aber doch Gewißheit... in ihrer Art ebenso fest und tiefer«, als sie auf dem Wege der erkenntnismäßig gewonnenen Weltanschauung zu garantieren ist (ebd. 178). »Nicht [gelangen wir] von dem Einssein (dem eingebildeten Einssein) mit dem unendlichen Sein zu ethischer Welt- und Lebensbejahung, sondern in der ethischen Welt- und Lebensbejahung [steigen wir auf] zum geistigen Einssein mit dem unendlichen Sein« (ebd. 178) (Und das Unerklärliche will Schweitzer »unerklärt stehen lassen« [ebd.]).

Schweitzer unterscheidet offenbar sehr bewußt zwischen »Denken« und »Erkennen«. Denkende Orientierung aus und in mir selbst, »Denken hat mit meiner Beziehung zu dem Sein zu tun, nicht Erkenntnis«. Hat es Erkenntnis nur nicht mit dieser Beziehung zu tun, oder *ist* dieses Denken nicht Erkenntnis? »Dem Denken ist Erkenntnis Mittel zum Zweck« (ebd.) – nur Mittel zum Zweck? »Als einer, der sich zuerst auf sich selber besonnen [hat,] sucht der Mensch sich dann in der Welt zu begreifen« – als jemand, »der über den Willen zum Leben in ihm zur Klarheit gekommen ist und aus der Erkenntnis des Seins, wie es in ihm ist, sich in dem unendlichen Sein, in dem sein Sein gegeben ist, zurechtzufinden sucht« (ebd. 178).

Schweitzer erläutert nicht weiter, wie dieses »Sich-zurecht-Finden, Sich-in-der-Welt-Begreifen« und das »Einssein mit dem unendlichen Sein« näher zu verstehen sind. Er deutet nur an, »das Sein könne nicht erkannt, sondern nur erlebt werden«: *»Nur insoweit, als wir das Sein erleben, erkennen wir es.«* »Dies ist insoweit richtig (berechtigt), als alles tiefere Erkennen des Seins Erleben des Seins ist durch das Sein, wie es in uns ist. Wir sind nicht erkennendes Subjekt (dies ist eine Abstraktion, eine Fiktion, wie sie im Denken so oft auftrat), sondern Sein, das sich über anderes Sein Rechenschaft geben,... ins Klare kommen will. ([Wir sind] Sein, das sein Verhältnis zu anderem Sein begreifen will)« (ebd. 179). Denken ist »nicht ein direkter Verkehr meines Seins mit dem Sein außer mir« (ebd.), sondern: »An meinem Denken [ist] mein ganzes Wesen, Fühlen, Empfinden, Ahnen, Wollen, Erkennen beteiligt. Denken hat es mit dem Verhältnis zu meinem eigenen Sein und zum Sein der Welt zu tun«, geht als und mit dem Erkennen letztlich »in Erleben über« (ebd. 180). »Das Denken soll die Wirklichkeit nicht überfliegen, sie nicht umgehen, sie nicht zurechtbiegen, sie nicht entleeren, sondern in sie eindringen, von der Wirklichkeit erfüllt sein« (ebd. 179). (Hier steht offenbar eine fast *magische* These über die Eindringlichkeit des Denkens bzw. eine magische Auffassung der Bezugnahme des Denkens auf Wirklichkeit und Wirkliches im Hintergrund – auch eine aufklärerische Restproblematik?) Schweitzer fügt zur Erläuterung an (ebd., Anm. R 45): »Durch das Mittelbare Versenkung« (ebd. 179). Ebenfalls hängt er auf derselben Seite »als einen der Hauptpunkte« an: »Das Ergebnis der Weltanschauung ist Mystik« (ebd., Anm. R 43). Im Text steht es noch deutlicher: »Es ist eine Verzweiflungstat, den Weg einer unmittelbaren Erkenntnis betreten zu wollen, wie es die Mystik getan« (ebd. 179). (Ein Verzweiflungssprung über den Graben der Referenz, über die Kluft zwischen Denken/Gedanke und Wirklichkeit?)

Schweitzer umschreibt in diesen, hier exkursartig resümierten Passagen und anderswo in den nachgelassenen Ethiktexten in der Tat nicht näher, wie der direkte Zugriff der Lebensanschauung auf das mystische Erleben geeignet ist, das eigene Sein in seinem Verhältnis zum unendlichen Sein um uns herum »zu begreifen«. Ausdrücke wie dieses »Sich-Begreifen in« oder generell »das unendliche Sein« werden nirgendwo näher erläutert oder differenziert, noch die entsprechenden Behauptungen begründet. Schweitzer scheint nach dem mystischen Erleben zu greifen, wie der in der Problemflut und deren Schwierigkeiten Ertrinkende den Strohhalm ergreift. Mündet hier Wunschdenken in eine intellektuelle Verzweiflungstat, eine Art Sacrificium intellectus des so entschiedenen Rationalisten? In mystischer Einswerdung – jedenfalls in der Forderung danach – endet das Denken, nachdem es ergebnislos das Konfrontationsproblem behandelt hat. Dies scheint für Schweitzer eine unausweichliche Konsequenz aus der Unvereinbarkeit von rationalistischer, theoretisch-erkenntnismäßiger, also einer sog. kognitivistischen Ethikbegründung einerseits und der Unmöglichkeit, ethischen Sinn in der Welt zu begründen, andererseits. Warum gibt Schweitzer nicht den untergründig noch vorhandenen rein theoretisch-kognitiven Erkenntnisanspruch auf, den er mit der Nötigung zur Verallgemeinerung zu verbinden sucht? Ein Anspruch auf Überzeugungskraft und Allgemeingültigkeit läßt sich auch im Normativen begründen, ohne impliziten theoretischen Erkenntnisanspruch. Rational denken und argumentieren läßt sich auch im normativen Bereich, ohne daß versteckte naturalistische Fehlschlüsse gezogen werden müßten. Es gibt gute Gründe ohne logische Totalableitbarkeit auch hier. Aus einem tiefen Achtungs- und Gerechtigkeitsempfinden bzw. entsprechenden Wertungen heraus projizieren wir eben universalmoralische Ansprüche an unser eigenes Handeln und unsere Orientierung über unseren persönlichen Bereich hinaus, entwickeln wir selbst die normative Ethik als Disziplin mit Allgemeingültigkeitsanspruch, ohne dies auf einem Schleichweg über die deskriptiv-theoretische Erkenntnis des Willens zum Leben in uns selbst, in einer Art naturalistischen Fehlschlusses dennoch rein erkenntnismäßig ableiten zu können. Wie wir uns als ethische Wesen in unserem Verhältnis zur Welt bzw. zum uns umgebenden »Sein« »begreifen«, das ist eben nicht nur erkenntnismäßig in unserem Willen zum Leben und der entsprechenden denkenden Verallgemeinerung angelegt, sondern eine moralische Bildung und Setzung von Allgemeingültigkeit beanspruchenden Normen, in ausgreifenden Deutungen und Entwürfen, die wir mit unserem Selbstverständnis als ethischer Wesen verbinden, indem wir auch anderen Menschen und Lebewesen ethischen Status zuerkennen. Wenn schon keine Erklärung im Sinne einer kognitiven *Erkenntnis* möglich ist, um die »Selbstentzweiung der Natur« zu überwinden, so auch kein *erkenntnis*mäßiges deskriptiv-denkerisches Beschreiben allein, sondern das Schweitzersche »Sich-Begreifen in« kann nur normativ-konstitutiv gemeint sein. Wir erheben eben in der Konstitution von moralischen Maximen ethische Ansprüche an uns selbst und verstehen diese als zu unserer Sonderrolle des Menschlichen gehörig, die uns als verantwortungstragende Wesen gegenüber anderen Wesen (die passiv auch ethischen Status haben) auszeichnet. Man kann durchaus, wie Schweitzer, vom Faktum des Willens zum Leben, zum Überleben, zum Weiterleben, zum Besserleben in uns ausgehen und alle diese Gedanken in Richtung auf Verallgemeinerung, Gleichberechtigung aller lebenden Kreatur usw. als oberste Leitlinie verfolgen, wie sie Schweitzer in seinen Nachlaßtexten und ebenso schon in *Kultur und Ethik* aufgeführt hat, ohne zu beanspruchen, hiermit eine *erkenntnis*mäßige theoretische Erzeugungsbegründung moralischer Normen und der Ethik als Disziplin gegeben zu haben. Auch der Rückgang auf eine nicht weiter beschriebene oder erklärte halb-rationale (oder pseudorationale?) »Mystik« ist durchaus unnötig. (Schweitzers sogenannte »Mystik« weicht zudem von den traditionellen Mystikbegriffen weit ab, worauf schon viele Kritiker – wie auch etwa Groos – aufmerksam gemacht haben.) Man kann also eine argumentative, nicht rationalistisch an einem letzten theoretisch-axiomatischen Erkenntnisprinzip orientierte nichtabsolute Fundierung ethischer Normen entwickeln, ohne in traditionelle Deduktionsrationalismen oder in naturalistische Fehlschlüsse zu verfallen.

Schweitzer ist noch ein Anhänger des Aufklärungszeitalters und seines absolutistischen Letztbegründungsrationalismus. Er sieht noch nicht, daß der

Letztbegründungsrationalismus scheitern muß – schon aus methodologisch-wissenschaftstheoretischen Gründen – und durch bescheidenere Ansätze zu ersetzen ist, die viel eher im Sinne einer kritisch-rationalistischen Orientierung mit Schweitzers Anliegen vereinbar sind: Ethische, normativ orientierte Entwürfe können durchaus mit guten Gründen gestützt bzw. kritisiert werden, ohne daß solche Diskussionen letztlich zu logischen Ableitungsbegründungen allein Zuflucht nehmen müßten. Der Bereich rationaler Diskussion ist viel weiter als jener der deduktiven Letztbegründungen im Sinne des klassischen Rationalismusideals. Schweitzers Verpflichtung auf das »tiefe« Prinzipiendenken überstrapaziert sozusagen die traditionellen letztrechtfertigungsrationalistischen Eierschalen, die es im Lichte neuer methodologischer Überlegungen zu zerbrechen gilt, ohne daß der Argumentation mit gewichtigen nichtdeduktiv zwingenden Gründen insgesamt nun der Boden abgegraben würde.

Es ist schade, daß Albert Schweitzer zu seiner Zeit die Grenzen des traditionellen Rationalismus und der deskriptivistischen sowie pseudonaturalistischen Ethikbegründungsversuche noch nicht sehen konnte. Ohne die spanischen Stiefel von traditionalistischen, rationalistischen philosophischen Konzepten hätte er seine Ethik praxisnah und widerspruchsfrei »begründen« (aber eben nicht rationalistisch-erkenntnismäßig durch bloße logische Herleitung begründen) können. Dabei würde es sich in der Tat um eine Richtlinienethik handeln, nicht um eine deduktiv bis ins einzelne und bis zu begründeten Wertrangfolgen durchgeführte systematische Disziplin für einzelne Handlungsanweisungen. Letztlich ging es dem Autor um ethische *Grund*orientierungen und deren Begründung, nicht um die Deduktion eines detaillierten Katalogs von Einzelanweisungen oder gar um Kasuistik.

Alle diese erwähnten Schwierigkeiten tun dem großartigen Entwurf Albert Schweitzers keinen Abbruch: Ähnlich wie Nietzsches nachgelassene Schriften sind auch Schweitzers ethische Reflexionen eine Fundgrube für treffende Beschreibungen, präzise kritische Analysen, glänzend formulierte Aphorismen und Maximen, tiefe Einzelgedanken: ein einzigartiges Dokument eines radikal-ethischen Engagements der Persönlichkeit und der grundehrlichen Konsequenzen tiefen ethischen Nachdenkens darüber.

Schweitzer selbst dürfte dieses systematische Scheiternmüssen ähnlich gesehen, wenigstens implizit oder halbbewußt gefühlt haben. Ähnlich wie in *Kultur und Ethik* werden etikettenhafte Beschreibungen verwendet, um das nötige Einswerden mit dem »unendlichen Sein« und den Übergang von »Erkennen in Erleben« in »mystischer« Partizipation zu umschreiben und geradezu beschwörend immer wieder dem Denken Kraft und Erfolgsmöglichkeit zuzusprechen, das undurchdringliche Problemgewirr gordisch zu durchschneiden. Da klingt es geradezu ironisch, wenn Schweitzer am Schluß des II. Zentralkapitels des Nachlasses von 1932 (I, 160ff, hier 180) schreibt: »Durch die Gefilde der Klarheit führt der Weg zum Gefilde der Wahrheit«, und am 15. Januar

1933 in Königsfeld, wo auch das Kapitel geschrieben wurde, »sehr müde und traurig« anfügt: »Dieses Kapitel ist ganz unbefriedigend. Es zeigt, daß der ganze Plan nichts taugt: Also den richtigen Plan suchen!« Zu Lambarene am 8. Juli 1939 jedoch schreibt er unter dieselbe Seite: »Nein, das Kapitel ist gut! Lebendig und frisch.« Wie recht er hat mit dieser späteren Bemerkung! Nur, der Durchbruch war ihm nicht gelungen, konnte ihm nicht gelingen, weil er nicht bereit war, von bestimmten rationalistischen Traditionen und Überforderungen des Denkens abzugehen, weil er die verzwickten methodologischen Wechselzusammenhänge zwischen normativen und kognitiv-deskriptiven Disziplinen noch nicht deutlich genug sehen konnte, weil er zu sehr an einer rationalistisch-systematischen ethischen Prinzipiendoktrin festhielt, eine Rahmenleitorientierung als Doktrin axiomatisch ausarbeiten und gleichsam monolithisch unter ein übergreifendes Prinzip zwingen wollte. Der unbeugsame ethische Wille, die geradezu verzweifelte Hoffnung auf die Durchführbarkeit dieses grandiosen, utopisch-titanischen Projekts einer rationalistischen Ethikbegründung aus dem Willen zum Leben sind äußerst beeindruckend. Ebenso beeindruckend ist aber die geradezu tragische Zwangsläufigkeit des Scheiternmüssens aufgrund zu enger, subjektiv nicht aufgebbarer dogmatischer Voraussetzungen des rationalistischen Prinzipienmonismus und des Zusammenzwingens unvereinbarer Gesichtspunkte wie der Welterkenntnis und der solidarmoralischen Hingabeforderung. Indem Albert Schweitzer seine Ethik zu einer systematischen Doktrin ausbauen wollte, überforderte er offenbar die

Möglichkeiten der Erkenntnistheorie und Methodologie im Kreuzungsbereich normativer und kognitiv-deskriptiver Theoriebildungen.

Im übertragenen Sinne gilt für Schweitzers Ethik selbst, was er für das moralische »Grundprinzip« (Schweitzer trennt nie deutlich zwischen »denkend gewordener Moral« und disziplinärer Ethik) wiederholt feststellt: daß die obersten Prinzipien der Ethik nur eine Rahmenrichtlinie für die Handlungsorientierung abgeben, nicht eine ausgearbeitete logische Herleitung von Einzelentscheidungen garantieren könnten. Er verwendet mehrfach das Bild vom Dschungel (des Lebens?), in dem die Ethik nur eine generelle Kompaßrichtung angeben könne, was dem einzelnen nicht die Pflicht abnehme, sich mit der Machete mühsam seinen Weg durch das Lianengestrüpp zu schlagen und immer wieder neue Einzelentscheidungen zu treffen und zu verantworten. Ethisches Denken kann Hilfe bei der Grundorientierung leisten, aber uns keine verantwortliche Entscheidung abnehmen, keine kasuistischen Einzelvorschriften doktrinär begründen; es vermag zu einer philisterhaften Bürokratisierung der Handlungsweisen unter ethischen Gesichtspunkten keine Anleitung zu bieten. Selbst wenn Schweitzers Ansatz an seiner utopischen Aufgabe scheitern mußte – in der Tat aus inneren systematischen Gründen -, so ist doch sein jahrzehntelanger Lebenseinsatz, die ständige geradezu sisyphushafte Wiederaufnahme der ungeheuren Aufgabe ein geradezu titanisches Unternehmen, das dem Leser staunende Hochachtung abzwingt und in unendlich vielen einzelnen Passagen und Teilen überraschende Lichter und glänzende Formulierungen bietet: Ein grandioser Steinbruch höchstentwickelter Proben der abendländischen Verantwortungsbewußtheit, in dem gewaltige erratische Blöcke wie auch viele glänzende Steinchen und Brocken und unendlich viele kostbare Kiesel zu finden sind – für jeden von uns.

*

*Literatur*

Groos, H.: Albert Schweitzer. Größe und Grenze. München – Basel 1974.

Günzler, C.: Ehrfurcht vor dem Leben – Albert Schweitzers Ethik als Grundimpuls für die Umwelterziehung. In: Günzler, D. – Kerstiens, L. – Mauermann, L. – Pöggeler, F. – Werner, H.-J.: Ethik und Erziehung. Stuttgart – Berlin – Köln – Mainz 1988, 171-199.

Schweitzer, A.: Kultur und Ethik (einschließlich: Verfall und Wiederaufbau der Kultur) (1923), München 1960².

Schweitzer, A.: Kulturphilosophie III. (Manuskript in Vorbereitung für den Druck) 4 Bände, bearbeitet von J. Zürcher, Archiv im Maison Albert Schweitzer in Günsbach, Elsaß.

Schweitzer, A.: Kultur und Ethik in der Weltanschauung der Weltreligionen. (In Vorbereitung zum Druck)

Steffahn, H.: Albert Schweitzer – mit Selbstzeugnissen und Bilddokumenten. Reinbek 1979, 1988.

*

Der Verfasser dankt Prof. Dr. Claus Günzler, Karlsruhe, für Diskussionen, Anregungen, Zitathinweise und für zwei Semester gemeinsamer Seminare zur Ethik Schweitzers. Zu danken ist auch den Seminarteilnehmer(inne)n und meinen Mitarbeiter(inne)n.

Das Honorar für dieses Buch wird dem Deutschen Hilfsverein für das Albert-Schweitzer-Spital Lambarene e. V. in Frankfurt am Main für die satzungsgemäße Unterstützung des Spitals in Lambarene zur Verfügung gestellt.

# Biographische Notiz

Der Autor Prof. Dr. phil. Dr. h. c. *Hans Lenk* ist o. Prof. für Philosophie an der Universität Karlsruhe, Professor für Wissenschaftstheorie der Sozialwissenschaften und Planungswissenschaft an der Faculté Européenne des Sciences du Foncier, Straßburg. Geb. 1935 in Berlin. Studium der Philosophie, Mathematik, Soziologie, Psychologie, Sportwissenschaft in Freiburg und Kiel. 1961 Promotion in Kiel. 1962–1966 Wissenschaftlicher Assistent an der Technischen Universität Berlin.
Fortgeschrittenenstudium in Kybernetik. 1966 Habilitation für Philosophie, 1969 für Soziologie (TU Berlin). Seit 1969 Ordinarius für Philosophie an der Universität Karlsruhe. 1973–1975 Dekan der Fakultät für Geistes- und Sozialwissenschaften. 1976 Distinguished Visiting Professor an der University of Massachusetts – außerdem Gastprofessuren an der University of Illinois (1973), Santa Maria, São Paolo, Belo Horizonte, Caracas (1979–1981), Tokio 1983, Oslo 1983, drei österr. Universitäten 1985 (Salzburg, Graz, Innsbruck), Madras 1986, Fort Worth/Texas 1987. 1980–1982 Präsident der internationalen Philosophic Society for the Study of Sport.
Ehrenmitglied der Internationalen Olympischen Akademie und Associate Fellow der American Academy, 1983 Berufung in die Europäische Fakultät für Bodenordnung Straßburg. 1986 Vizepräsident der Europäischen Akademie der Wissenschaften und Philosophie des Rechts. 1987 Green Honors Professor, Fort Worth/Texas.

*Wichtigste Veröffentlichungen:* Kritik der logischen Konstanten, 1968; Philosophie im technologischen Zeitalter, ²1971; Erklärung – Prognose – Planung, 1972; Werte-Ziele-Wirklichkeit der modernen Olympischen Spiele, ²1972; Materialien zur Soziologie des Sportvereins, 1972; Metalogik und Sprachanalyse, 1973; Wozu Philosophie, 1974; Leistungssport: Ideologie oder Mythos?, ²1974; Pragmatische Philosophie, 1975 (span. 1982); Sozialphilosophie des Leistungshandelns, 1976; Rudertraining (Mitautor), 1977; Leistungsmotivation und Mannschaftsdynamik, ²1977 (engl., jap. 1977); Team Dynamics, 1977; Handlungstheorien interdisziplinär, 6 Bde. (Hrsg.), 1977–1984; Social Philosophy of Athletics, 1979; Pragmatische Vernunft, 1979; Zur Sozialphilosophie der Technik, 1982; Eigenleistung, 1983; Die achte Kunst, 1985; Ethische Probleme der Gentechnik, 1985; Zwischen Wissenschaftstheorie und Sozialwissenschaft, 1986; Zur Kritik der wissenschaftlichen Rationalität (Hrsg.), 1986; Zwischen Sozialpsychologie und Sozialphilosophie, 1987; Technik und Ethik (Mithrsg.), 1987; Kritik der kleinen Vernunft, 1987; Das Prinzip Fairneß, 1989.